全国中等职业技术学校汽车类专业通用教材

Qiche Fadongji Gouzao yu Weixiu
汽车发动机构造与维修

Xitiji ji Xitiji Jie
习题集及习题集解

（第二版）

吕秋霞　主编

人民交通出版社股份有限公司
China Communications Press Co.,Ltd.

内 容 提 要

本书是全国中等职业技术学校汽车类专业通用教材,根据《汽车发动机构造与维修》内容编写而成。本书分习题集和习题集解两部分,与《汽车发动机构造与维修》配套使用,主要内容包括:汽车发动机总体构造、汽车维修制度及常用维修机具、曲柄连杆机构、配气机构、电控汽油发动机燃料供给系统、柴油机燃料供给系统、柴油机电控燃油喷射系统(ECD)、发动机润滑系、发动机冷却系、新能源汽车技术介绍,共计 10 个单元。

本书供中等职业学校汽车类专业教学使用,亦可供汽车维修相关专业人员学习参考。

图书在版编目(CIP)数据

汽车发动机构造与维修习题集及习题集解／吕秋霞
主编. —2 版. —北京:人民交通出版社股份有限公司,
2017.6(2025.8 重印)
ISBN 978-7-114-13818-8

Ⅰ.①汽… Ⅱ.①吕… Ⅲ.①汽车—发动机—构造—
高等学校—题解②汽车—发动机—车辆修理—高等学校—
题解 Ⅳ.①U472.43-44

中国版本图书馆 CIP 数据核字(2017)第 104268 号

全国中等职业技术学校汽车类专业通用教材
书 名:汽车发动机构造与维修习题集及习题集解(第二版)
著 作 者:吕秋霞
责任编辑:闫东坡
责任印制:张 凯
出版发行:人民交通出版社股份有限公司
地 址:(100011)北京市朝阳区安定门外外馆斜街 3 号
网 址:http://www.ccpcl.com.cn
销售电话:(010)85285911
总 经 销:人民交通出版社股份有限公司发行部
经 销:各地新华书店
印 刷:北京科印技术咨询服务有限公司数码印刷分部
开 本:787×1092 1/16
印 张:6.75
字 数:152 千
版 次:2005 年 12 月 第 1 版
2017 年 6 月 第 2 版
印 次:2025 年 8 月 第 2 版 第 7 次印刷 累计第 14 次印刷
书 号:ISBN 978-7-114-13818-8
定 价:15.00 元
(有印刷、装订质量问题的图书,由本公司负责调换)

第二版前言

FOREWORD

为适应社会经济发展和汽车运用与维修专业技能型紧缺人才培养的需要，交通职业教育教学指导委员会汽车（技工）专业指导委员会于2004年陆续组织编写了汽车维修、汽车电工、汽车检测等专业技工教材、高级技工教材及技师教材，受到广大中等职业学校师生的欢迎。

随着职业教育教学改革的不断深入，中等职业学校对课程结构、课程内容及教学模式提出了更高的要求。《教育部关于深化职业教育教学改革全面提高人才培养质量的若干意见》提出："对接最新职业标准、行业标准和岗位规范，紧贴岗位实际工作过程，调整课程结构，更新课程内容，深化多种模式的课程改革"。为此，人民交通出版社股份有限公司根据教育部文件精神，在整合已出版的技工教材、高级技工教材及技师教材的基础上，依据教育部颁布的《中等职业学校汽车运用与维修专业教学标准（试行）》，组织中等职业学校汽车专业教师再版修订了全国中等职业技术学校汽车类专业通用教材。

此次再版修订的教材总结了全国技工学校、高级技工学校及技师学院多年来的汽车专业教学经验，将职业岗位所需要的知识、技能和职业素养融入汽车专业教学中，体现了中等职业教育的特色。教材特点如下：

1. "以服务发展为宗旨，以促进就业为导向"，加强文化基础教育，强化技术技能培养，符合汽车专业实用人才培养的需求；

2. 教材修订符合中等职业学校学生的认知规律，注重知识的实际应用和对学生职业技能的训练，符合汽车类专业教学与培训的需要；

3. 教材内容与汽车维修中级工、高级工及技师职业技能鉴定考核相吻合，便于学生毕业后适应岗位技能要求；

4. 依据最新国家及行业标准，剔除第一版教材中陈旧过时的内容，教材修订量在20%以上，反映目前汽车的新知识、新技术、新工艺；

5. 教材内容简洁，通俗易懂，图文并茂，易于培养学生的学习兴趣，提高学习效果。

《汽车发动机构造与维修习题集及习题集解》与《汽车发动机构造与维修》配套使用,教材分习题集和习题集解两部分,主要内容包括:汽车发动机总体构造、汽车维修制度及常用维修机具、曲柄连杆机构、配气机构、电控汽油发动机燃料供给系统、柴油机燃料供给系统、柴油机电控燃油喷射系统(ECD)、发动机润滑系、发动机冷却系、新能源汽车技术介绍,共计10个单元。本书由浙江交通职业学院吕秋霞担任主编。

　　限于编者经历和水平,教材内容难以覆盖全国各地中等职业学校的实际情况,希望各学校在选用和推广本系列教材的同时,注重总结教学经验,及时提出修改意见和建议,以便再版修订时改正。

编　者

2017 年 3 月

目 录

CONTENTS

习题集部分

习题集解部分

习题集部分

绪　　论

一、填空题

1. 根据 GB/T 3730.1—2001 规定，汽车分为_____车和_____车两大类。
2. 汽车车辆识别代码（VIN），简称 17 位码，分为三个部分，第一部分为_____（WMI）；第二部分为_____（VDS）；第三部分为_____（VIS）。
3. 汽车的基本构造都是由_____、_____、_____和电气设备四大部分组成。
4. 货车车身通常由_____和_____两部分组成。

二、选择题（请将正确答案的序号填写在括号中）

1. 大、中型客车常采用（　　）布置形式。
    A. 发动机前置、后轮驱动　　B. 发动机前置、前轮驱动　　C. 发动机后置、后轮驱动
2. 汽车最大轴载质量是指：汽车满载时（　　）。
    A. 各轴所承载的质量　　　　B. 各车轮所承载的质量　　　C. 各轴所承载的质量之和

三、判断题（对下列说法，正确的在后面的括号中划"√"，错误的划"×"）

1. 轿车和客车的车身一般为整体结构的。　　　　　　　　　　　　　　　　　　（　　）
2. 越野汽车是全轮驱动的，通常发动机前置并在变速器后面装有分动器，以便将动力分别送到全部车轮上。　　　　　　　　　　　　　　　　　　　　　　　　　　　　（　　）
3. 汽车最高车速是指在满载情况下，在平直良好的道路上行驶，所能达到的最大车速（km/h）。　　　　　　　　　　　　　　　　　　　　　　　　　　　　　　　　（　　）
4. 汽车最小离地间隙是指空载状态下，底盘下部（车轮除外）最低点到地面间的距离。
　　　　　　　　　　　　　　　　　　　　　　　　　　　　　　　　　　　　（　　）

四、简答题

1. 汽车主要尺寸参数有哪些？

2. 汽车的性能参数有哪些？

单元一
汽车发动机总体构造

一、填空题

1. 汽车发动机按冷却方式不同,分为_____冷式和_____冷式两种;而按着火方式不同,则分为_____燃式和_____燃式两种。

2. 二冲程发动机在一个工作循环中,活塞往复_____个行程,曲轴转_____圈;四冲程发动机在一个工作循环中,活塞往复_____个行程,曲轴转两圈。

3. 发动机一个工作循环中,包括_____、_____、_____和排气四个过程。

4. 曲轴半径(R)和活塞行程(S)之间的关系是_____。

5. 汽车发动机的总体构造。都是由机体组、_____机构、_____机构、_____系、点火系(柴油机没有)、_____系、_____系和_____系等组成。

6. 汽缸总容积(V_a)、燃烧室容积(V_c)、汽缸工作容积(V_h)三者之间的关系是_____。

7. 往复活塞式内燃机中,活塞作_____运动,曲轴作_____运动。

二、选择题(请将正确答案的序号填写在括号中)

1. 汽油机为( )发动机。
   A. 点燃式 B. 压燃式 C. 自燃式

2. 增压式发动机,是利用增压器将进气压力增高,使( )增大,从而提高发动机的动力。
   A. 排气温度 B. 排气密度 C. 进气密度

3. 发动机排量是指:发动机所有( )之和。
   A. 汽缸总容积 B. 汽缸工作容积 C. 燃烧室容积

三、判断题(对下列说法,正确的在后面的括号中划"√",错误的划"×")

1. 汽油机和柴油机都属于内燃机。   (   )
2. 汽油机和柴油机的点火方式不同,但其混合气形成方式是相同的 (   )
3. 压缩比越大,压缩终了时汽缸内的气体压力和温度就越高。   (   )
4. 发动机汽缸总容积越大,它的功率就越大。   (   )
5. 四冲程发动机一个工作循环,活塞往复四个行程,曲轴旋转四周。 (   )
6. 压缩比(ε)是指:汽缸总容积与燃烧室容积之比。   (   )

四、简答题

发动机的总体构造包括哪几个部分?

五、看图答题

请正确标示出图中有指引线的零件名称,并简述四冲程柴油机的工作原理。

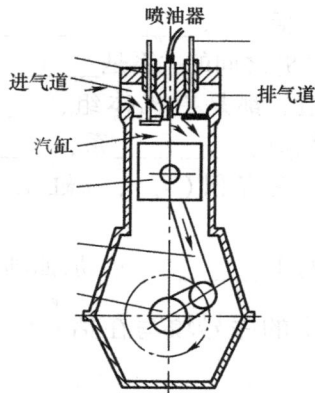

单元二
汽车维修制度及常用维修机具

一、填空题

1.《汽车运输业车辆技术管理规定》要求,车辆维护应贯彻_____、_____的原则。

2.汽车维护分为_____维护和_____维护两类。

3.车辆修理应贯彻_____的原则。

4.千斤顶分为_____式和_____式两类。

二、选择题(请将正确答案的序号填写在括号中)

1.一、二级维护工作由(　　　)负责执行。

　　A.专业维修工　　　　　　B.管理人员　　　　　　C.驾驶员

2.正常情况下,汽车每行驶(　　　)万千米应对润滑系统进行彻底的清除。

　　A.1~2 千米　　　　　　B.2~3 千米　　　　　　C.3~4 千米

3.用百分表测量工件时,应先校表,使百分表量头(　　　)。

　　A.抵住工件表面并产生一定的位移(即指针存在一个预偏转值)

　　B.与工件刚接触但指针不偏转

　　C.与工件间有一微小间隙

4.轮胎拆装机主要用于(　　　)的拆装。

　　A.子午线轮胎　　　　　　B.斜交胎　　　　　　C.各类轮胎

三、判断题(对下列说法,正确的在后面的括号中划"√",错误的划"×")

1.二级维护作业项目以检查,调整为主,并拆检轮胎,进行轮胎换位。　　　　　　(　　　)

2.汽车大修时将车辆上所有磨损的零件进行更换。　　　　　　(　　　)

3.汽车路试应由专业维修工操作。　　　　　　(　　　)

4.游标卡尺既可测量工件内径,亦可测量工件外径。　　　　　　(　　　)

5.百分表头大指针顺时针转离"0"位,则表示工件尺寸大于标准尺寸;反之,则表示小于标准尺寸。　　　　　　(　　　)

四、简答题

1.简述车辆和总成送修规定。

2. 请详述发动机起动安全操作规程。

阶段考核试题(绪论、单元一、单元二)

班级 _____ 姓名 _____ 学号 _____ 成绩 _____

一、填空题(每空1分,共30分)

1. 根据 GB/T 3730.1—2001 规定,汽车分为 _____ 车和 _____ 车两大类。

2. 汽车的基本构造都是由 _____、_____、_____ 和电气设备四大部分组成。

3. 货车车身通常由 _____ 和 _____ 两部分组成。

4. 汽车发动机按冷却方式不同,分为 _____ 冷式和 _____ 冷式两种;而按着火方式不同,则分为 _____ 燃式和 _____ 燃式两种。

5. 往复活塞式内燃机中,活塞作 _____ 运动,曲轴作 _____ 运动。

6. 汽车发动机的两大机构是指: _____ 机构、_____ 机构。

7. 汽油发动机除了燃油供给系外,还有 _____ 系、_____ 系、_____ 系和 _____ 系等组成。

8. 发动机一个工作循环中,包括 _____、_____、_____ 和 _____ 四个过程。

9. 四冲程发动机在一个工作循环中,活塞往复 _____ 个行程,曲轴转 _____ 圈。

10. 《汽车运输业车辆技术管理规定》要求,车辆维护应贯彻 _____、_____ 的原则。

11. 车辆修理应贯彻 _____ 的原则。

12. 千斤顶分为 _____ 式和 _____ 式两类。

二、选择题(请将正确答案的序号填写在括号中 每题2分,共16分)

1. 大、中型客车常采用( )布置形式。
   A. 发动机前置、后轮驱动　　B. 发动机前置、前轮驱动　　C. 发动机后置、后轮驱动

2. 汽车最大轴载质量是指:汽车满载时( )。
   A. 各轴所承载的质量　　B. 各车轮所承载的质量　　C. 各轴所承载的质量之和

3. 汽油机为( )发动机。
   A. 点燃式　　　　　　B. 压燃式　　　　　　C. 自燃式

4. 增压式发动机,是利用增压器将进气压力增高,使( )增大,从而提高发动机动力。
   A. 排气温度　　　　　B. 排气密度　　　　　C. 进气密度

5. 发动机排量是指:发动机所有( )之和。
   A. 汽缸总容积　　　　B. 汽缸工作容积　　　C. 燃烧室容积

6. 一、二级维护工作由( )负责执行。
   A. 专业维修工　　　　B. 管理人员　　　　　C. 驾驶员

7. 正常情况下, 汽车每行驶( )万千米应对润滑系统进行彻底的清除。
    A.1~2 千米   B.2~3 千米   C.3~4 千米

8. 轮胎拆装机主要用于( )的拆装。
    A. 子午线轮胎   B. 斜交胎   C. 各类轮胎

三、判断题(对下列说法, 正确的在后面的括号中划"√", 错误的划"×", 每题 2 分, 共 28 分)

1. 轿车和客车的车身一般为整体结构的。   ( )

2. 汽车最高车速是指在满载情况下在平直良好的道路上行驶所能达到的最大车速(km/ h)。   ( )

3. 越野汽车通常采用发动机前置并在变速器后面装有分动器。   ( )

4. 汽车最小离地间隙是指空载状态下, 底盘下部(车轮除外)最低点到地面间的距离。   ( )

5. 汽油机和柴油机都属于内燃机。   ( )

6. 发动机汽缸总容积越大, 它的功率就越大。   ( )

7. 汽油机和柴油机的点火方式不同, 但其混合气形成方式是相同的。   ( )

8. 压缩比(ε)是指: 汽缸总容积与燃烧室容积之比。   ( )

9. 压缩比越大, 压缩终了时汽缸内的气体压力和温度就越高。   ( )

10. 四冲程发动机一个工作循环, 活塞往复四个行程, 曲轴旋转四周。   ( )

11. 二级维护作业项目以检查, 调整为主, 并拆检轮胎, 进行轮胎换位。   ( )

12. 汽车路试应由专业维修工操作。   ( )

13. 汽车大修时将车辆上所有磨损的零件进行更换。   ( )

14. 游标卡尺既可测量工件内径, 亦可测量工件外径。   ( )

四、简答题(每题 6 分, 共 12 分)

1. 汽车的性能参数有哪些?

2. 发动机的总体构造包括哪几个部分?

五、看图答题(共 14 分)

请正确标示出图中有指引线的零件名称,并简述四冲程柴油机的工作原理。

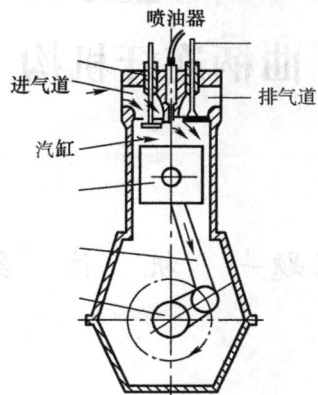

喷油器

进气道　　　　　　　　排气道

汽缸

单元三
曲柄连杆机构

课题一　机　体　组

一、填空题

1. 曲柄连杆机构的作用是提供_____的场所,并将燃料燃烧后产生的作用在活塞上的_____转变成使曲轴旋转运动的_____,对外输出动力。

2. 曲柄连杆机构的零件可分为_____组、_____组和_____组等三大组。

3. 机体组的主要零件有_____、_____、_____、曲轴箱等。

4. 汽缸体的材料一般用_____或_____铸造,轿车发动机多采用_____。

5. 汽缸的排列形式有_____、_____、_____、W 形及斜置式等。

6. 汽缸的结构形式一般有_____汽缸套式、_____汽缸套式、_____汽缸套式。

7. 无汽缸套式汽缸是指_____。

8. 曲轴箱的结构形式有_____式、_____式、_____式。

9. 汽缸体的常见损伤形式有_____、_____、_____及螺纹滑扣等。

10. 缸体和缸盖的裂纹通常用_____试验法检验。

11. 汽缸盖用来封闭_____,并与_____共同构成燃烧室。

二、选择题(请将正确答案的序号填写在括号中)

1. 绝大多数水冷发动机的汽缸体与曲轴箱(　　　),所以统称为汽缸体。
   A. 铸在一起　　　　B. 不铸在一起　　　　C. 不能确定

2. 铝合金机体干式缸套将合金铸铁的缸套与机体(　　　)。
   A. 铸在一起　　　　B. 不铸在一起　　　　C. 不能确定

3. (　　　)缸套与冷却水直接接触。
   A. 干式　　　　　　B. 湿式　　　　　　　C. 不能确定

4. 湿式缸套装入座孔后,顶面应(　　　)汽缸体上平面 0.05～0.15mm。
   A. 低于　　　　　　B. 高出　　　　　　　C. 不能确定

5. (　　　)是指缸体的底平面低于曲轴轴线。
   A. 一般式　　　　　B. 龙门式　　　　　　C. 隧道式

6. 汽缸体中对受力大或温度高的部位的裂纹可用( )修复,或换用新件。

    A. 焊补法   B. 补漏剂补漏法   C. 不能确定

7. 在汽缸磨损的测量时,同一断面上测量到的最大与最小直径差值的一半,即为该断面的( )。

    A. 圆度误差   B. 圆柱度误差   C. 不能确定

三、判断题(对下列说法,正确的在后面的括号中划"√",错误的划"×")

1. 在进行发动机解体过程中,缺少装配记号和平衡标记的部位,应补做标记。   ( )

2. 当汽缸磨损超过允许的限度时,必须修理汽缸或更换新的汽缸套。   ( )

3. 在汽缸的上、中、下三个测量断面上测量到的最大的圆度误差作为汽缸的圆度误差。   ( )

4. 在汽缸的上、中、下三个测量断面内所测得的所有读数中最大与最小直径差值的一半,即为汽缸的圆度误差。   ( )

5. 发动机过热时,突然添加冷水,汽缸盖所受热应力突变易产生裂纹。   ( )

6. 汽缸盖的裂纹凡涉及漏水、漏油、漏气时,一般应予更换。   ( )

7. 对于铝合金缸盖螺栓应分两次拧紧,即冷态拧紧后,还需要发动机第一次走热后再拧紧一次;而铸铁缸盖在冷态下一次拧紧即可。   ( )

8. 要按汽缸的尺寸选配活塞,活塞与汽缸应同一尺寸级别、同一分组尺寸。   ( )

9. 在汽缸轴线方向上,呈上小下大的不规则锥形磨损。   ( )

10. 通常,位于发动机两端的汽缸磨损略大。   ( )

11. 汽缸断面上的磨损呈不规则的椭圆形,一般是前后或左右方向磨损最小。   ( )

12. 汽缸中在第一道活塞环上止点顶边稍下处磨损量最大,而活塞环上止点以上的缸壁几乎没有磨损。   ( )

13. 安装进气、排气歧管时,从中央的螺母开始,以交叉的顺序向外扩展,分2~3次将螺母拧紧。   ( )

四、简答题

1. 简述汽缸体和汽缸盖裂纹的水压试验。

2. 简述汽缸体平面变形的修复。

五、看图答题

1. 请正确标示出图中有指引线的零件名称。

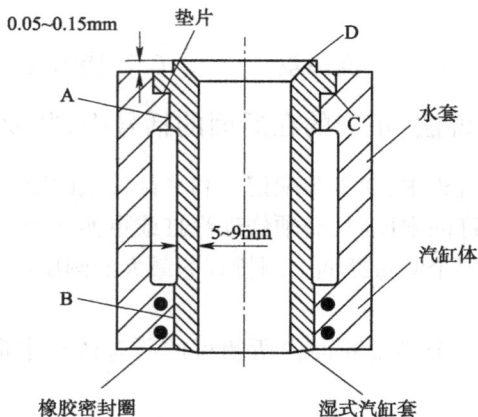

2. 看图回答:湿式缸套装入座孔后为什么一定要检查高出量?

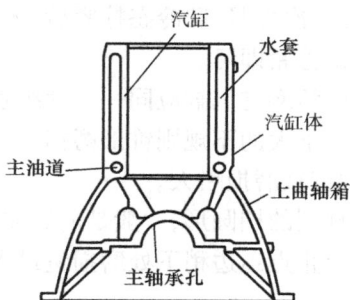

课题二　活塞连杆组

一、填空题

1. 活塞可分为_____部、_____部和_____部等三部分。

2. 气环的作用是_____、_____、帮助油环从缸壁上向下刮油;油环的作用是_____和_____、_____、帮助气环起密封作用。

3. 扭曲环安装时_____的环槽口向上;_____的环槽口向下。

4. 活塞环磨损后,将使环弹力下降、密封性_____、功率_____、漏气、窜机油。

5. 活塞环的"三隙"是指_____隙、_____隙、_____隙。

6. 活塞销与活塞销座孔及连杆小头的连接方式有_____和_____两种形式。

7. 活塞销与连杆衬套的装配可采用_____法或_____法。

8. 连杆主要由_____、_____和_____(包括连杆盖)三部分组成。

9. 斜切口连杆常用的定位方法有_____定位、_____定位和_____定位等。

10. 主副连杆的发动机,主连杆大头直接安装在_____,副连杆大头与对应的主连杆大头上的两个凸耳作_____连接。

11. 连杆轴瓦是由_____和_____或_____、减磨合金层、软镀层构成。

二、选择题(请将正确答案的序号填写在括号中)

1. 活塞与( )活塞销装配时,先将铝活塞在温度为70~90℃的水或机油中加热。
   A. 全浮式　　　　B. 半浮式　　　　C. 两者都不是

2. 汽油机在常温下全浮式活塞销与销座孔为( )配合,与连杆衬套为( )配合。
   A. 过盈　　　　B. 间隙　　　　C. 过渡

3. 柴油机全浮式活塞销与销座孔常温时为( )配合,允许有微量间隙。
   A. 过盈　　　　B. 间隙　　　　C. 过渡

4. 活塞销偏置的活塞,销座孔轴线向做功行程中受侧压力( )的一侧偏移1~2mm。
   A. 较大　　　　B. 较小　　　　C. 都不是

5. 柴油机的连杆大头一般采用( ),汽油机的连杆大头一般采用( )。
   A. 斜切口　　　　B. 平切口　　　　C. 都不是

6. 当连杆弯、扭变形并存时,应( )。
   A. 先校弯后校扭　　B. 报废连杆　　C. 先校扭后校弯

7. 活塞顶上标有一定的记号,装配时记号必须朝向发动机的( )。
   A. 前方　　　　B. 后方　　　　C. 不能确定

8. 连杆螺栓是预应力螺栓时,在拆卸后应更换( )。
   A. 螺栓　　　　B. 螺母　　　　C. 螺栓及螺母

三、判断题(对下列说法,正确的在后面的括号中划"√",错误的划"×")

1. 活塞也是燃烧室的一部分。　　　　　　　　　　　　　　( )
2. 活塞在侧向力作用下,会变成长轴垂直销座方向的椭圆形。　( )
3. 活塞在气体压力作用下,会产生弯曲变形。　　　　　　　( )
4. 活塞在热负荷作用下,会产生上大下小的倒锥形。　　　　( )
5. 用于冷却活塞的机油喷嘴,若堵塞,将导致拉缸。　　　　( )
6. 活塞环槽是活塞的最大磨损部位,特别是最后一道环槽最为严重。( )
7. 组合式油环比整体式油环刮油效果好。　　　　　　　　　( )

13

8. 将活塞环放在环槽内滚动时,应滚动自如、不松动、无阻滞现象。 （　　）

9. 选配活塞时,要按汽缸的尺寸、并应选用与汽缸同一尺寸级别和同一分组尺寸。

（　　）

10. 发动机大修时,活塞环应随活塞的更换而更换,而活塞则应视情更换。 （　　）

11. 活塞与汽缸修理尺寸应相适应,加大用"＋"表示,刻在活塞顶上。 （　　）

12. 装配时,活塞销、销座孔和连杆衬套的涂色标记应相同。 （　　）

13. 在修理过程中,如果活塞、活塞销已换成了新件,一般应同时更换连杆衬套。（　　）

14. 并列连杆式的发动机,连杆是不能通用的。 （　　）

15. 采用主副连杆的发动机,主、副连杆不能互换。 （　　）

16. 在校正变形量较大的连杆后,应进行时效处理。 （　　）

17. 镀铬环、桶面环、梯形环、锥面环应装在第一道。 （　　）

18. 活塞环开口不能朝向活塞推力面处,也不能在活塞销孔对应的位置上。 （　　）

四、简答题

1. 汽缸与活塞之间的配缸间隙不正常会产生哪些危害?

2. 简述活塞的清理过程。

3. 连杆变形后对发动机有何危害?

五、看图答题

请正确标示出图中有指引线的零件名称,并完成相关的填空。

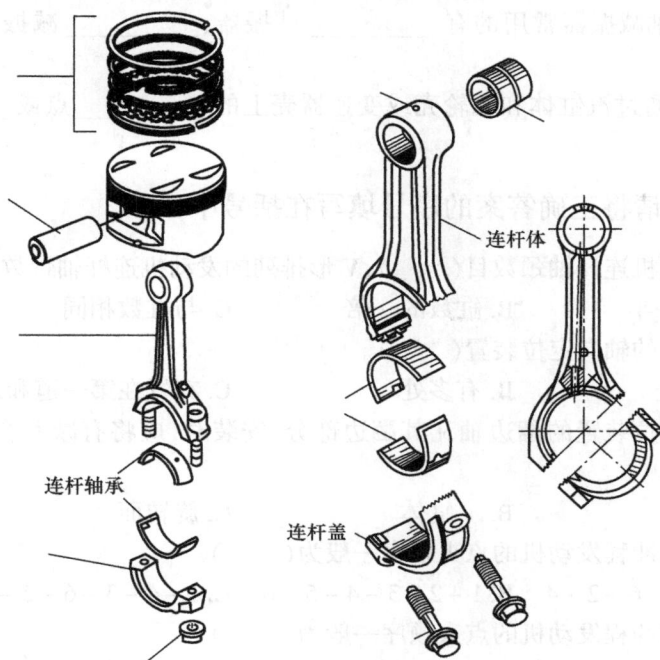

连杆体

连杆轴承

连杆盖

活塞连杆组的主要零件有_____、_____、_____、_____连杆等。连杆大头的切口有_____切口、_____切口两种形式。

课题三 曲轴飞轮组

一、填空题

1. 曲轴按曲拐连接方式不同可分为_____式和_____式。按曲轴主轴颈数不同可分为_____曲轴和_____曲轴。

2. 曲轴的主要损伤形式有_____、弯曲与扭曲变形、_____及其他部位的损伤。

3. 曲轴的扭曲变形改变了各缸间的曲柄夹角,影响发动机的_____和_____。

4. 曲轴的弯曲变形会加剧_____的磨损、曲轴轴颈和轴承的磨损,甚至会使曲轴出现_____或_____。

5. 曲轴弯曲超过允许极限时,应予校正。通常采用_____法和_____法。

6. 曲轴扭曲严重时,应_____。

7. 当曲轴将裂断时,发动机振动极大,有_____的异常声响,下曲轴箱回响_____,随之发动机停止运转,则曲轴已完全折断。

8. 曲轴裂纹的检验方法有_____、_____、_____。

9. 曲轴轴承间隙是指曲轴的_____间隙、_____间隙。

10. 曲轴的轴向间隙过大、过小可通过更换_____或_____进行调整。

11. 发动机曲轴减振器常用的有_____减振器、_____减振器、_____减振器。

12. 发动机是通过汽缸体和飞轮壳或变速器壳上的_____点或_____点弹性支承在车架上。

二、选择题（请将正确答案的序号填写在括号中）

1. 直列式发动机连杆轴颈数目（   ），V 形排列的发动机连杆轴颈数目为（   ）。

    A. 缸数的一半   B. 缸数的一倍   C. 与缸数相同

2. 曲轴上设置的轴向定位装置（   ）。

    A. 只有一处   B. 有多处   C. 布置在第一道和最后一道

3. 曲轴轴向定位装置的翻边轴瓦其翻边部分，安装时，应将有减磨合金层的一面朝向（   ）。

    A. 缸盖   B. 缸体   C. 旋转面

4. 直列六缸四冲程发动机的点火顺序一般为（   ）。

    A. 1－5－3－6－2－4   B. 1－2－3－4－5－6   C. 1－4－3－6－2－5

5. 直列四缸四冲程发动机的点火顺序一般为（   ）

    A. 1－2－3－4   B. 1－3－4－2   C. 1－4－2－3

6. 六缸四冲程发动机做功间隔角为（   ）曲轴转角。

    A. 180°   B. 120°   C. 360°

7. 现代汽车发动机在曲轴轴瓦的配合上采用了（   ）的方法。

    A. 根据缸孔大小定轴瓦尺寸

    B. 以轴定孔

    C. 以孔定轴

8. 曲轴连杆轴颈和主轴颈的修理尺寸级差一般为（   ）mm。

    A. 0.25   B. 0.20   C. 0.50

9. 对于轴颈表面细微的（   ）向裂纹，可结合曲轴磨削予以消除。

    A. 横   B. 纵   C. 横向和纵向

10. 发动机在（   ）时，应检查轴承间隙，当其接近或超过限值时，应更换轴瓦。

    A. 大修时   B. 二级维护   C. 一级维护

11. 硅油扭转减振器正常工作时，密封外壳应（   ），否则已失效，不能再用。

    A. 烫手   B. 不烫手   C. 不发热

三、判断题（对下列说法，正确的在后面的括号中划"√"，错误的划"×"）

1. 曲轴最常见的损伤是磨损。   （   ）

2. 主轴颈总数比连杆轴颈多一个的曲轴叫非全支承式曲轴。   （   ）

3. 平衡重在修理时不要轻易拆卸,如必须拆卸,应注意按原装配位置装配。　　　（　　）

4. 主轴颈和连杆轴颈在径向的最大磨损部位发生在同一侧。　　　　　　　　（　　）

5. 现代汽车曲轴轴瓦一般是无刮削余量的,在修理时不允许刮瓦。　　　　　（　　）

6. 软氮化工艺强化的曲轴,具有很好的耐磨性,这种曲轴不能磨削修理。　　（　　）

7. 曲轴的连杆瓦和主轴瓦不是成套供应的。　　　　　　　　　　　　　　　（　　）

8. 使用过的主轴瓦可以互换。　　　　　　　　　　　　　　　　　　　　　（　　）

9. 曲轴主轴瓦若合金表面存在明显的环状沟槽或麻点时应及时修复。　　　　（　　）

10. 如果使用了不正确的减振器,可能使曲轴产生振动,易导致曲轴损坏。　　（　　）

11. 飞轮、曲轴各自都需进行静、动平衡试验,两者装配后也进行了动平衡试验。（　　）

12. 一经发现曲轴有纵向裂纹,应立即报废。　　　　　　　　　　　　　　　（　　）

13. 发动机支座控制系统若有故障,在怠速时将振动过大。　　　　　　　　　（　　）

四、简答题

1. 叙述曲轴轴颈的磨损特点。

2. 如何确定曲轴修理尺寸?

3. 如何检查曲轴橡胶扭转减振器的好坏?

五、看图答题

请正确标示出图中有指引线的零件名称。

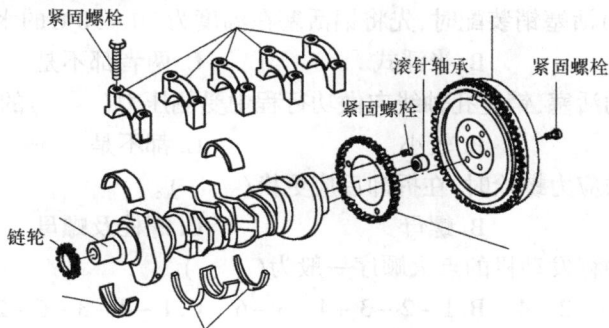

阶段考核试题(单元三)

班级＿＿＿＿　姓名＿＿＿＿　学号＿＿＿＿　成绩＿＿＿＿

一、填空题(每空1分,共30分)

1. 曲柄连杆机构的作用是:提供＿＿＿＿的场所,并将燃料燃烧后产生的作用在活塞上的＿＿＿＿转变成使曲轴旋转运动的＿＿＿＿,对外输出动力。

2. 曲柄连杆机构的零件可分为＿＿＿＿组、活塞连杆组和＿＿＿＿等三大组。

3. 机体组的主要零件有:＿＿＿＿、＿＿＿＿、＿＿＿＿、曲轴箱等。

4. 汽缸的结构形式一般有＿＿＿＿、＿＿＿＿、＿＿＿＿。

5. 曲轴箱的结构形式有＿＿＿＿式、＿＿＿＿式、＿＿＿＿式。

6. 气环的作用是＿＿＿＿、＿＿＿＿、帮助油环从缸壁上向下刮油;油环的作用是＿＿＿＿和布油、＿＿＿＿、帮助气环起密封作用。

7. 活塞销与活塞销座孔及连杆小头的连接方式有＿＿＿＿和＿＿＿＿两种形式。

8. 曲轴按曲拐连接方式不同可分为＿＿＿＿式和＿＿＿＿式。按曲轴主轴颈数不同可分为＿＿＿＿曲轴和＿＿＿＿曲轴。

9. 曲轴的扭曲变形改变了各缸间的曲柄夹角,影响发动机的＿＿＿＿和＿＿＿＿。

10. 曲轴扭曲严重时,应＿＿＿＿。

11. 曲轴裂纹的检验方法有＿＿＿＿、＿＿＿＿、＿＿＿＿。

二、选择题(请将正确答案的序号填写在括号中 每题2分,共20分)

1. 湿式汽缸套装入座孔后,顶面应(　　)汽缸体上平面0.05~0.15mm。
   A. 低于　　　B. 高出　　　C. 不能确定

2. 在汽缸磨损的测量时,同一断面上测量到的最大与最小直径差值的一半,即为该断面的(　　)。
   A. 圆度误差　　　B. 圆柱度误差　　　C. 不能确定

3. 铝合金机体干式汽缸套将合金铸铁的缸套与机体(　　)。
   A. 铸在一起　　　B. 不铸在一起　　　C. 不能确定

4. 活塞与(　　)活塞销装配时,先将铝活塞在温度为70~90℃的水或机油中加热。
   A. 全浮式　　　B. 半浮式　　　C. 两者都不是

5. 活塞销偏置的活塞,销座孔轴线向做功行程中受侧压力(　　)的一侧偏移1~2mm。
   A. 较大　　　B. 较小　　　C. 都不是

6. 连杆螺栓是预应力螺栓时,在拆卸后应更换(　　)。
   A. 螺栓　　　B. 螺母　　　C. 螺栓及螺母

7. 直列六缸四冲程发动机的点火顺序一般为(　　)。
   A.1-5-3-6-2-4　B.1-2-3-4-5-6　C.1-4-3-6-2-5

8. 曲轴轴向定位装置的翻边轴瓦其翻边部分,安装时,应将有减磨合金层的一面朝向

（   ）。

    A. 汽缸盖   B. 汽缸体   C. 旋转面

9. 硅油扭转减振器正常工作时,密封外壳应(   ),否则已失效,不能再用。

    A. 烫手   B. 不烫手   C. 不发热

10. 对于轴颈表面细微的(   )向裂纹,可结合曲轴磨削予以消除。

    A. 横   B. 纵   C. 横向和纵向

三、判断题(对下列说法,正确的在后面的括号中划"√",错误的划"×",每题2分,共24分)

1. 在汽缸的上、中、下三个测量断面内所测得的所有读数中最大与最小直径差值的一半即为汽缸的圆度误差。（   ）

2. 要按汽缸的尺寸选配活塞,活塞与汽缸应同一尺寸级别、同一分组尺寸。（   ）

3. 在汽缸轴线方向上呈上小下大的不规则锥形磨损。（   ）

4. 汽缸断面上的磨损呈不规则的椭圆形,一般是前后或左右方向磨损最小。（   ）

5. 对于铝合金缸盖螺栓应两次拧紧,即冷态拧紧后,还需要发动机第一次走热后再拧紧一次;而铸铁缸盖在冷态下一次拧紧即可。（   ）

6. 活塞在侧向力作用下,会变成长轴垂直销座方向的椭圆形。（   ）

7. 装配时,活塞销、销座孔和连杆衬套的涂色标记应相同。（   ）

8. 活塞环开口不能朝向活塞推力面处,也不能在活塞销孔对应的位置上。（   ）

9. 主轴颈和连杆轴颈在径向的最大磨损部位发生在同一侧。（   ）

10. 使用过的主轴瓦可以互换。（   ）

11. 一经发现曲轴有纵向裂纹,应立即报废。（   ）

12. 发动机支座控制系统若有故障,在怠速时将振动过大。（   ）

四、简答题(每题4分,共12分)

1. 简述汽缸体和汽缸盖裂纹的水压试验。

2. 汽缸与活塞之间的配缸间隙不正常会产生哪些危害?

3. 如何检查曲轴橡胶扭转减振器的好坏?

五、看图答题(每题 7 分,共 14 分)

1. 看图回答:湿式汽缸套装入座孔后为什么一定要检查高出量?

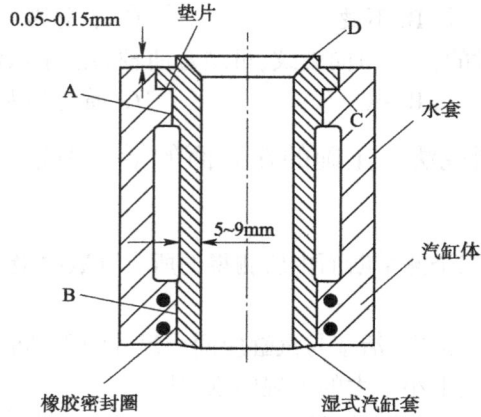

0.05~0.15mm
垫片
D
A
水套
C
5~9mm
汽缸体
B
橡胶密封圈
湿式汽缸套

2. 请正确标示出图中有指引线的零件名称,并完成相关的填空。

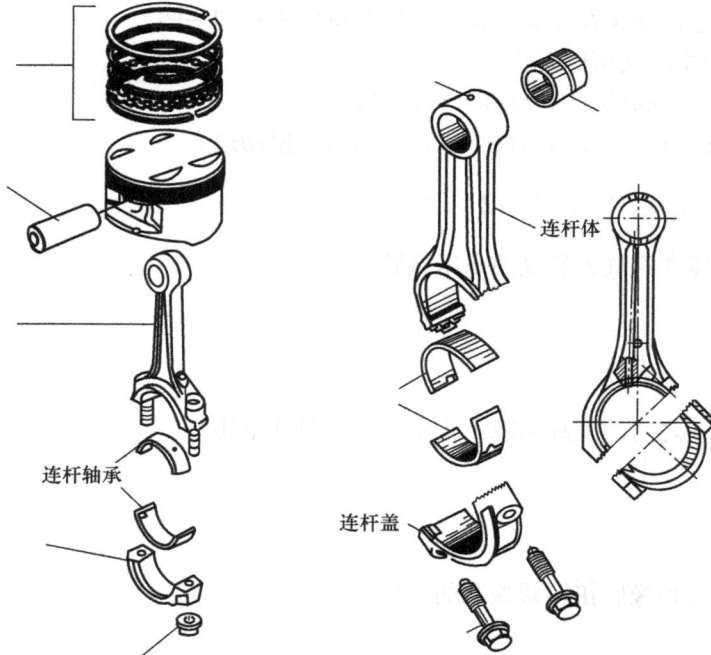

连杆体

连杆轴承

连杆盖

活塞连杆组的主要零件有:_____、_____、_____、连杆等。连杆大头的切口有_____切口、_____切口两种形式。

单元四
配气机构

课题一 配气机构的结构与配气相位

一、填空题

1. 配气机构按气门的布置位置不同可分为_____置气门式和_____置气门式和混合式三种类型。

2. 配气机构按凸轮轴的布置位置不同可分为凸轮轴_____置、凸轮轴_____置和凸轮轴_____置三种类。

3. 配气机构按每汽缸气门数目不同,可分为_____气门式和_____式发动。

4. 配气机构按凸轮轴的传动方式不同,可分为_____传动、_____传动、_____传动。

5. 配气机构由_____组和_____组组成。

6. 为了补偿气门等零件受热后的膨胀量,在发动机冷态装配时,气门与其传动机构中留有_____间隙。

7. 用曲轴转角表示的进、排气门的实际开闭时刻和开启持续时间,称为_____。

8. 同一段时间、同一缸内,进、排气门同时开启的现象,通常称为_____。

二、选择题(请将正确答案的序号填写在括号中)

1. 气门的打开,靠(   )。
   A. 凸轮的推动力   B. 气门弹簧的弹力   C. 惯性力

2. 四冲程发动机一个工作循环曲轴旋转二周,凸轮轴旋转(   )。
   A. 二周   B. 一周   C. 半周

3. 轿车发动机多采用(   )。
   A. 凸轮轴下置   B. 侧置气门式   C. 凸轮轴上置

4. 四冲程发动机每完成一个工作循环,曲轴旋转两周,各缸的进、排气门各开启(   )次。
   A. 一   B. 两   C. 三

5. 高速汽车发动机凸轮轴上广泛地采用(   )。
   A. 齿轮传动   B. 链条传动   C. 齿形皮带传动

6. 气门叠开角是指:同一缸的进气提前角与(   )之和。

  A. 排气迟后角　　　　　　B. 排气提前角　　　　　　C. 进气迟后角

三、判断题(对下列说法,正确的在后面的括号中划"√",错误的划"×")

1. 链轮与链条的传动适用于侧置凸轮轴式配气机构。　　　　　　　　　(　　)
2. 发动机上采用多气门结构提高了充气系数、降低了 HC 与 CO 的排放。(　　)
3. 下置凸轮轴靠推杆将凸轮的推动力传递给摇臂机构。　　　　　　　(　　)
4. 进气门持续开启时间用曲轴转角来表示,为:$2\alpha+180°$。　　　　　(　　)
5. 发动机的配气相位都是在制造厂就确定了的,因此不可改变的。　　　(　　)
6. 采用液力挺柱的发动机,需要预留气门间隙。　　　　　　　　　　　(　　)
7. 气门间隙过大时,发动机进气不足、排气不畅,动力性能、经济性能均会下降。(　　)
8. 气门间隙过小时,发动机在热态下可能漏气、功率下降、甚至气门烧坏。(　　)
9. 若气门叠开角过大,在小负荷时,会使发动机换气质量下降。　　　　(　　)

四、简答题

1. 简述配气机构的作用。

2. 简述两次调整法调整气门间隙的操作方法。

五、看图答题

1. 参看下图,请分别说出气门组、气门传动组的零件名称。
气门组的零件有:

气门传动组的零件有：

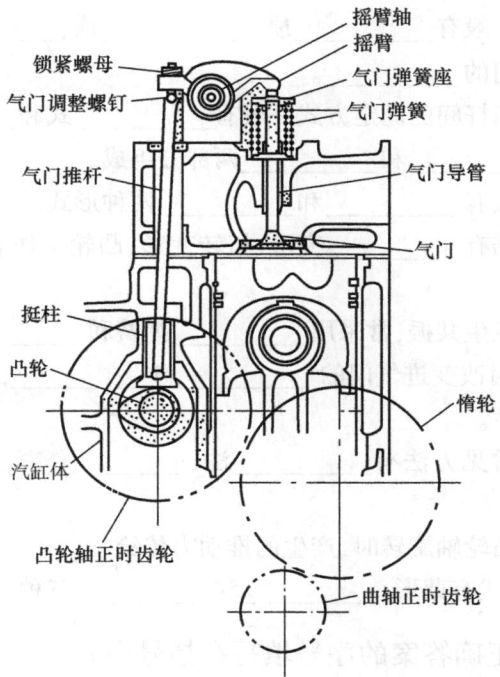

锁紧螺母
气门调整螺钉
气门推杆
挺柱
凸轮
汽缸体
凸轮轴正时齿轮

摇臂轴
摇臂
气门弹簧座
气门弹簧
气门导管
气门
惰轮
曲轴正时齿轮

2. 请正确标出图中有指引线的零件名称，并回答正时皮带传动的优点。

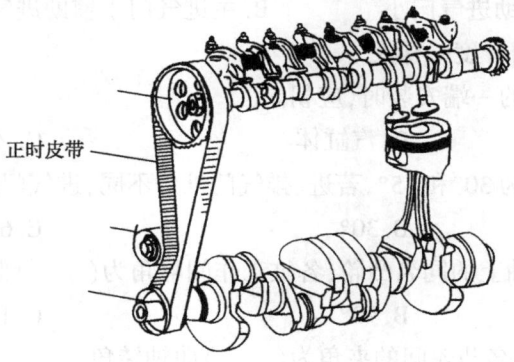

正时皮带

课题二 配气机构主要零件的构造与检修

一、填空题

1. 气门头部的形状一般有_____顶、_____顶、_____顶三种形式，一般进气门头部直径比排气门的_____。

2. 气门弹簧座与气门杆间的固定方式一般有_____式和_____式两种。

3. 凸轮轴主要由_____和_____两部分组成。

4. 凸轮轴的支承方式有_____和_____两种形式。

5. 凸轮轴常见的损伤有_____变形、扭转变形、凸轮工作表面_____、凸轮轴轴颈磨损等。

6. 为防止气门弹簧发生共振，常采用_____弹簧和_____弹簧结构。

7. VTEC系统，可同时改变进气门的_____与_____，使发动机在高、低速时均有良好的动力性和经济性。

8. 气门密封性试验常见方法有_____法、_____法、_____法、仪器检验_____法四种。

9. 挺柱的作用是将凸轮轴旋转时，产生的推动力传给_____或_____。

10. 普通挺柱结构形式有菌形、_____和_____三种。

二、选择题（请将正确答案的序号填写在括号中）

1. VTEC系统，当发动机高速运转时，主进气门与辅助进气门的开度（   ）。
   A. 主进气门大辅助进气门小   B. 主进气门小辅助进气门大
   C. 主、辅助进气门开度一样大

2. 气门弹簧螺距小的一端安装时，应朝向（   ）。
   A. 汽缸盖   B. 汽缸体   C. 不能确定

3. 常见的气门锥角为30°和45°，若进、排气门锥角不同，进气门的锥角为（   ）。
   A. 45°   B. 30°   C. 60°

4. 6缸发动机凸轮轴上的同名凸轮，各缸工作间隔角为（   ）曲轴转角。
   A. 60°   B. 90°   C. 120°

5. 凸轮轴上，同缸异名凸轮间的夹角为（   ）曲轴转角。
   A. 60°   B. 90°   C. 大于90°

6. 发动机在高速时，可变气门正时系统可使进气门（   ）关闭。
   A. 早一些   B. 晚一些   C. 不能确定

7. 发动机在中速和低速范围内时，可变气门正时系统可使进气门（   ）关闭。
   A. 早一些   B. 晚一些   C. 不能确定

三、判断题(对下列说法,正确的在后面的括号中划"√",错误的划" × ")

1. 当 VTEC 系统出现故障时,将锁定在主进气门开度大、辅助进气门开度小的状态上。
（　　）

2. 同心安装的内外两根气门弹簧,安装时内外弹簧的螺旋方向应相同。（　　）

3. 多气门发动机一般均采用顶置单凸轮轴结构方式。（　　）

4. 排气门封闭内腔充注钠,降低了气门的温度、同时降低了混合气自燃的可能性。
（　　）

5. 充钠气门可作为普通废品简单处理。（　　）

6. 进、排气门密封件在安装时须更换,且可以互换。（　　）

7. 气门与气门导管之间间隙过小,会产生从此处漏气的后果。（　　）

8. 凸轮轴轴承的更换标准根据它与轴颈的配合间隙决定,采用选配,不需刮削。（　　）

9. 液压挺柱是可修的。（　　）

10. 安装挺柱之前,应先浸泡在清洁的发动机机油中 2h 以上。（　　）

四、简答题

1. 简述可变气门正时系统的作用。

2. 简述充钠气门的处理方法。

3. 简述气门锥面的大小对气门工作性能的影响。

4. 气门常见的损伤有哪些?

五、看图答题

请说出下图中摇臂组件的组成。

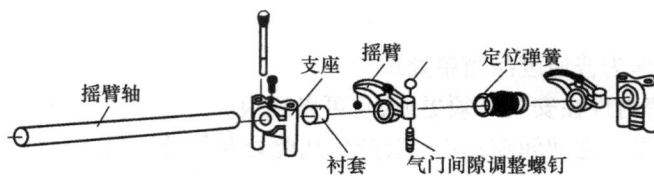

摇臂轴　支座　摇臂　定位弹簧　衬套　气门间隙调整螺钉

阶段考核试题(单元四)

班级_____ 姓名_____ 学号_____ 成绩_____

一、填空题(每空1分 共30分)

1. 配气机构按凸轮轴的布置位置不同,可分为凸轮轴_____置、凸轮轴_____置和凸轮轴_____置三种类。

2. 配气机构按凸轮轴的传动方式不同可分为_____传动、_____传动、_____传动。

3. 配气机构由_____组和_____组组成。

4. 为了补偿气门等零件受热后的膨胀量,在发动机冷态装配时,气门与其传动机构中留有_____间隙。

5. 用曲轴转角表示的进、排气门的实际开闭时刻和开启持续时间称为_____。

6. 同一段时间、同一缸内,进、排气门同时开启的现象,通常称为_____。

7. 气门弹簧座与气门杆间的固定方式一般有_____式和_____式两种。

8. 凸轮轴主要由_____和_____两部分组成。

9. 凸轮轴的支承方式有_____和_____两种形式。

10. 凸轮轴常见的损伤有_____变形、扭转变形、凸轮工作表面_____、凸轮轴轴颈磨损等。

11. 为防止气门弹簧发生共振,常采用_____弹簧和_____弹簧结构。

12. VTEC系统,可同时改变进气门的_____与_____,使发动机在高、低速时均有良好的动力性和经济性。

13. 气门密封性试验常见方法有_____法、_____法、_____法、仪器检验法四种。

14. 挺柱的作用是将凸轮轴旋转时,产生的推动力传给_____或_____。

15. 普通挺柱结构形式有菌形、_____和_____三种。

二、选择题(请将正确答案的序号填写在括号中 每题2分,共16分)

1. 气门的打开,靠(   )。
   A. 凸轮的推动力　　　　B. 气门弹簧的弹力　　　　C. 惯性力

2. 四冲程发动机每完成一个工作循环,曲轴旋转两周,各缸的进、排气门各开启(   )次。
   A. 一　　　　　　　　B. 二　　　　　　　　C. 三

3. 高速汽车发动机凸轮轴上广泛地采用(   )。
   A. 齿轮传动　　　　　B. 链条传动　　　　　C. 齿形皮带传动

4. 气门叠开角是指:同一缸的进气提前角与(   )之和。
   A. 排气迟后角　　　　B. 排气提前角　　　　C. 进气迟后角

5. VTEC 系统,当发动机高速运转时,主进气门与辅助进气门的开度(　　)。

    A. 主进气门大辅助进气门小

    B. 主进气门小辅助进气门大

    C. 主、辅助进气门开度一样大

6. 气门弹簧螺距小的一端安装时,应朝向(　　)。

    A. 汽缸盖　　　　　　　B. 汽缸体　　　　　　　C. 不能确定

7. 六缸发动机凸轮轴上的同名凸轮,各缸工作间隔角为(　　)曲轴转角。

    A. 60°　　　　　　　　B. 90°　　　　　　　　C. 120°

8. 发动机在高速时,可变气门正时系统可使进气门(　　)关闭。

    A. 早一些　　　　　　　B. 晚一些　　　　　　　C. 不能确定

三、判断题(对下列说法,正确的在后面的括号中划"√",错误的划"×",每题 2 分,共 20 分)

1. 发动机上采用多气门结构提高了充气系数、降低了 HC 与 CO 的排放。　　　　(　　)

2. 发动机的配气相位都是在制造厂就确定了的,因此不可改变的。　　　　(　　)

3. 采用液力挺柱的发动机,需要预留气门间隙。　　　　(　　)

4. 气门间隙过大时,发动机进气不足、排气不畅,动力性能、经济性能均会下降。(　　)

5. 若气门叠开角过大,在小负荷时,会使发动机换气质量下降。　　　　(　　)

6. 当 VTEC 系统出现故障时,将锁定在主进气门开度大、辅助进气门开度小的状态上。

    (　　)

7. 同心安装的内外两根气门弹簧,安装时内外弹簧的螺旋方向应相同。　　　　(　　)

8. 充钠气门可作为普通废品简单处理。　　　　(　　)

9. 进、排气门密封件在安装时须更换,且可以互换。　　　　(　　)

10. 气门与气门导管之间间隙过小,会产生从此处漏气的后果。　　　　(　　)

四、简答题(每题 5 分,共 20 分)

1. 简述配气机构的作用。

2. 简述可变气门正时系统的作用。

3. 简述充钠气门的处理方法。

4.简述气门锥面的大小对气门工作性能的影响。

五、看图答题(每题 7 分,共 14 分)

1.请正确标出图中有指引线的零件名称。并回答正时皮带传动的优点。

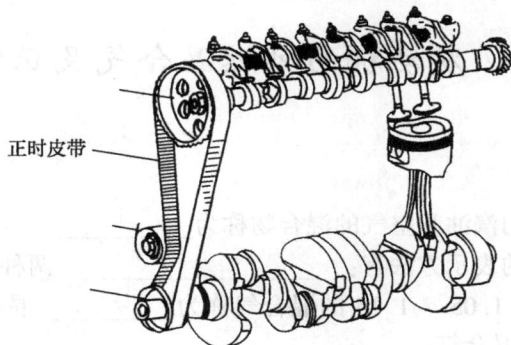

正时皮带

2.请说出下图中摇臂组件的组成。

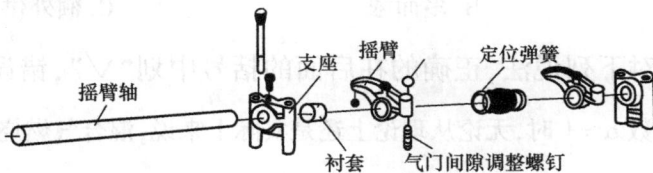

摇臂轴   支座   摇臂   定位弹簧

衬套   气门间隙调整螺钉

单元五

电控汽油发动机燃料供给系统

课题一　发动机的可燃混合气及正常燃烧

一、填空题

1. 按一定比例混合的汽油和空气的混合物称为_____。

2. 可燃混合气浓度的表示方法有：_____、_____两种。

3. 过量空气系数 $\alpha = 1.05 \sim 1.15$ 的混合气称为_____混合气，$\alpha = 0.85 \sim 0.95$ 的混合气称为_____混合气。

4. 汽油机的正常燃烧分为：_____期、_____期、_____期等三个过程。

二、选择题（请将正确答案的序号填写在括号中）

1. 混合气的空燃比是指：混合气中的空气与燃料的（　　）之比。

　A. 体积　　　　　　　　　　B. 质量　　　　　　　　　　C. 比重

2. 发动机在起动工况时，应供给（　　）的混合气。

　A. 少而浓　　　　　　　　　B. 多而浓　　　　　　　　　C. 额外供给一定数量

3. 发动机在怠速工况时，应供给（　　）的混合气。

　A. 少而浓　　　　　　　　　B. 多而浓　　　　　　　　　C. 额外供给一定数量

三、判断题（对下列说法，正确的在后面的括号中划"√"，错误的划"×"）

1. 过量空气系数 $\alpha = 1$ 时，无论从理论上还是实际上来说，混合气燃烧都最完全。

　　　　　　　　　　　　　　　　　　　　　　　　　　　　　　　　　　　（　　）

2. 混合气越浓，发动机功率越大；混合气越稀，发动机经济性越好。　　　（　　）

3. 发动机在中等负荷工作时，要求供给经济成分的混合气。　　　　　　　（　　）

4. 发动机在大、全负荷工况工作时，要求供给经济成分的混合气。　　　　（　　）

四、简答题

发动机混合气过浓、过稀会造成哪些后果？

课题二 电控汽油机燃料供给系统的组成及工作原理

一、填空题

1. 电控汽油机燃料供给系统由_____系统、_____系统、_____系统和电子控制系统等组成。

2. 发动机电控系统,由_____、ECU和_____三部分组成。

3. 减速断油控制是指:汽车行驶中,节气门开度迅速减小时,_____喷油,用以降低减速时_____和_____的排放量。

4. 根据汽油的喷射位置,汽油喷射系统可分为_____喷射和_____喷射,进气管喷射又分为_____点喷射和_____点喷射。

5. 汽油喷射系统,按空气量测量方式不同可分为_____检测法和_____检测法两种;按系统有无反馈信号可分为_____环控制和_____环控制。

6. 间歇脉冲喷射可分为:_____喷射、_____喷射和_____喷射三种。

二、选择题(请将正确答案的序号填写在括号中)

1. 对发动机的喷油量、喷油时刻、点火时刻、怠速空气供给等进行精确控制的修正信号是(   )。

　　A. 空气流量　　　　　　　B. 转速　　　　　　　C. 冷却液温度

2. 同时喷射一般采用发动机每转(   ),各缸喷油器同时喷油一次。

　　A. 一周　　　　　　　　　B. 二周　　　　　　　C. 不能确定

3. 发动机运行时,各缸喷油器按照工作顺序把汽油喷入各缸的进气歧管的喷射方式称为(   )。

　　A. 同时喷射　　　　　　　B. 分组喷射　　　　　C. 顺序喷射

三、判断题(对下列说法,正确的在后面的括号中划"√",错误的划"×")

1. 确定发动机基本供油量的主控信号是转速和负荷信号。　　　　　　　(   )

2. 当发动机转速超过安全转速或车速超过设计最高车速时,电控单元将会切断控制电路停止喷油,防止超速。　　　　　　　　　　　　　　　　　　　　　(   )

3. 当发动机多次起动未能成功时,只要将加速踏板踩到底、接通起动开关起动发动机,喷油器就会中断喷油。　　　　　　　　　　　　　　　　　　　　　　(   )

4. 装有电控自动变速器的汽车,在行驶中自动升挡时,会暂时中断个别缸的喷油。　　　　　　　　　　　　　　　　　　　　　　　　　　　　　　　　(   )

5. 空气流量的直接检测法是利用进气管压力和发动机转速推算出进入汽缸的空气量。　　　　　　　　　　　　　　　　　　　　　　　　　　　　　　(   )

四、简答题

1. 发动机的电控系统有哪些功能?

2. 发动机断油控制的内容有哪些？

课题三　燃油供给系统

一、填空题

1. 汽油泵中单向阀,是为了在汽油泵停止工作后,使燃油供给系统_____,便于发动机下一次起动。

2. 内装式汽油泵的安装位置有:固定在油泵支架上垂直地_____在油箱内,或者垂直安装在_____。

3. 喷油器的清洗方法有:_____清洗法、_____清洗法。

4. 喷油器的异步喷油,主要有:_____异步喷油和_____异步喷油。

5. 就车检查喷油器好坏方法有:_____法、_____法、_____法。

6. 曲轴位置传感器分为_____式、_____式和_____式三种。

7. 节气门位置传感器,是用来检测_____,安装在_____上。

8. 汽油缸内喷射是指喷油器直接往_____喷射汽油。

9. 汽油缸内喷射系统的燃烧模式有:_____燃烧模式、_____燃烧模式和过渡燃烧模式三种。

二、选择题（请将正确答案的序号填写在括号中）

1. 具有转速控制的汽油泵,发动机在怠速或中低负荷工作时,油泵以(　　)转速运转。
   A. 较低　　　　　　　　B. 较高　　　　　　　　C. 不能确定

2. 汽油压力调节器作用是:使燃油压力相对于大气压力或进气歧管负压(　　)。
   A. 较低　　　　　　　　B. 较高　　　　　　　　C. 保持一定值

3. 高电阻式电磁喷油器,线圈电阻为(　　)Ω。
   A. 3～4　　　　　　　　B. 12～14　　　　　　　C. 20～25

4. 就车检测喷油器,不可用(　　)
   A. 手摸判断法　　　　　B. 万用表测阻法　　　　C. 试火法

5. 在冷起动喷油器,常安装在(　　)。
   A. 汽缸盖　　　　　　　B. 节气门体　　　　　　C. 进气总管

6. 发动机冷却液温度传感器内部,是一个半导体(　　)温度系数热敏电阻。
   A. 负　　　　　　　　　B. 正　　　　　　　　　C. 不能确定

7. 发动机进气温度传感器内部,是一个半导体(　　)温度系数热敏电阻。
   A. 负　　　　　　　　　B. 正　　　　　　　　　C. 不能确定

8. 汽油缸内喷射系统中无(　　)。
   A. 供油模块　　　　　　　B. 高压油泵　　　　　　　C. 冷起动喷油器

9. 缸内直喷汽油机,在部分负荷时,采用(　　)燃烧模式。
   A. 分层　　　　　　　　　B. 均质　　　　　　　　　C. 过渡

10. 缸内直喷汽油机,在大负荷、高转速时,采用(　　)燃烧模式。
    A. 分层　　　　　　　　　B. 均质　　　　　　　　　C. 过渡

11. 汽油缸内喷射系统,在分层燃烧模式时,汽油在(　　)行程中喷入汽缸。
    A. 吸气　　　　　　　　　B. 压缩　　　　　　　　　C. 做功

12. 汽油缸内喷射系统,在均质燃烧模式时,汽油在(　　)行程中喷入汽缸。
    A. 吸气　　　　　　　　　B. 压缩　　　　　　　　　C. 做功

三、判断题(对下列说法,正确的在后面的括号中划"√",错误的划"×")

1. 内装式电动汽油泵,不可在汽油箱中油少或缺油的情况下工作,否则,易烧坏电机。
　　　　　　　　　　　　　　　　　　　　　　　　　　　　　(　　)

2. 由点火开关与 ECU 共同控制的汽油泵,使点火开关在 ON 位,但无转速信号输入时,控制汽油泵工作 2s。　　　　　　　　　　　　　　　　　　　　　(　　)

3. 汽油滤清器使用到规定的里程后,应及时更换。　　　　　　　　(　　)

4. 脉动阻尼减振器用于提高输油管路中的汽油压力。　　　　　　　(　　)

5. 喷油器的异步喷油是根据发动机各缸工作循环在既定的曲轴位置进行的。(　　)

6. 喷油器基本喷油时刻是根据节气门开度信号计算出来的。　　　　(　　)

7. 喷油器喷油量的多少取决于通电时间的长短。　　　　　　　　　(　　)

8. 曲轴位置传感器,用来检测活塞上止点、曲轴转角、发动机转速信号。(　　)

9. 曲轴位置传感器是喷油和点火的修正信号。　　　　　　　　　　(　　)

10. 冷却液温度传感器是确定基本供油量的主控信号。　　　　　　(　　)

11. 进气温度传感器是发动机喷油量的修正信号。　　　　　　　　(　　)

12. 拆卸油管前,首先应卸压,以防止较高压力的燃油喷洒出来引起火灾。(　　)

13. 燃油供给装置所有密封元件、油管卡箍均为一次性元件,维修时应更换。(　　)

14. 每两个二级维护作业周期更换一次汽油滤清器及其连接油管卡箍。(　　)

15. 缸内喷射汽油机,由于没有混合气在进气门前的等候,因此,动力性好。(　　)

16. 缸内喷射汽油机,不利于实现稀薄燃烧。　　　　　　　　　　(　　)

17. FSI 发动机中,没有安装了 NOx 存储式催化转化器。　　　　　(　　)

四、简答题

1. 简述电动汽油泵性有的就车检查方法。

2. 电磁式喷油器的常见故障有哪些？

3. 简述燃油系统压力的释放方法。

4. FSI 发动机为了保证混合气的质量采取了哪些结构措施？

五、看图答题

1. 标全下图中的零部件名称，并说出燃油供给装置的组成。

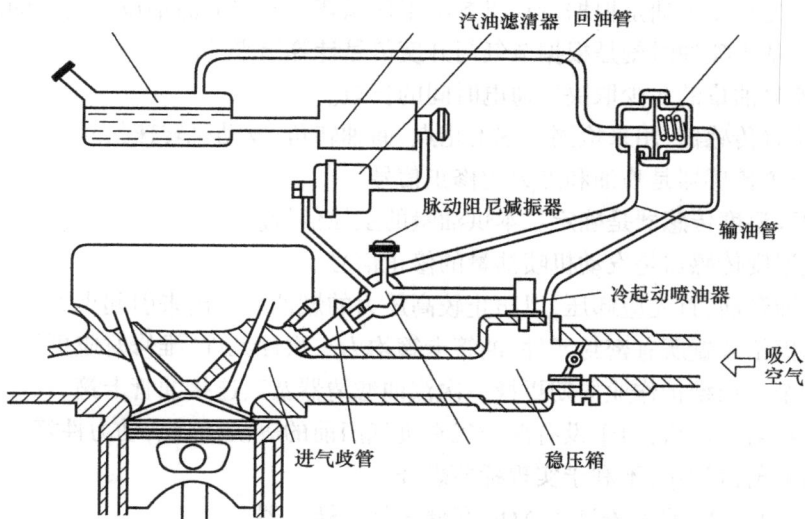

汽油滤清器 回油管
脉动阻尼减振器
输油管
冷起动喷油器
吸入空气
进气歧管
稳压箱

2.结合下图完成相关的填空。

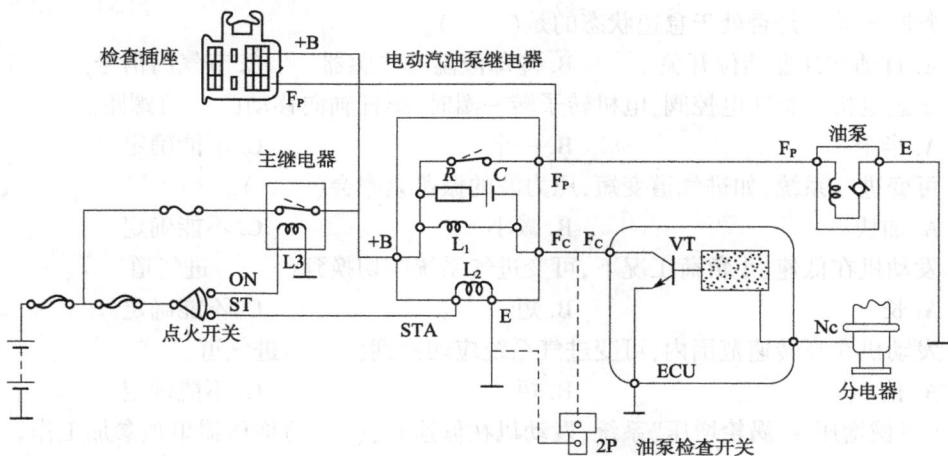

发动机起动时,L3 线圈_____电,主继电器触点闭合,L2 线圈_____电,油泵继电器触点_____,汽油泵投入工作。

发动机正常运转过程中,L3 线圈_____电,L2 线圈_____电,但 ECU 接收到转速传感器的输入信号,使晶体管 Tr 导通,L1 线圈_____电,油泵继电器触点保持闭合,汽油泵继续工作。

课题四　空气供给及相关系统

一、填空题

1.空气供给装置由_____、空气流量计(或进气歧管压力传感器)、_____、_____、进气歧管等组成。

2.空气滤清器由_____、_____组成。

3.空气流量计按结构形式分有:_____式、_____式、_____式及叶片式和量芯式。

4.热线式空气流量计有_____、_____、控制线路板 、壳体等组成。

5.卡门涡旋式空气流量计,根据检测方式分有_____式和_____式。

6.进气压力传感器按信号产生原理的不同可分为_____式 、_____式、_____式和表面弹性波式等。

7.节气门体由节气门、怠速_____、怠速_____、空气阀等组成。

8.发动机怠速控制系统,分为_____式和_____式。

9.电子节气门系统主要由:_____、加速踏板位置传感器、ECU、数据总线、EPC 指示灯和_____等组成。

二、选择题(请将正确答案的序号填写在括号中)

1.热线式空气流量计感知空气流量的是(　　　)。

A. 热线　　　　　　　　　B. 冷线　　　　　　　　　C. 热线与冷线

2. 判断发动机是否处于怠速状态的是(　　)。

　　A. 自动变速器挡位开关　　B. 冷却液温度传感器　　C. 节气门信号

3. 步进电机式怠速电控阀,电机转子转一圈时,螺杆轴向移动(　　)螺距。

　　A. 半个　　　　　　　　　B. 一个　　　　　　　　　C. 不能确定

4. 可变进气系统,如进气道变短,压力波的振荡频率会(　　)。

　　A. 加快　　　　　　　　　B. 减小　　　　　　　　　C. 不能确定

5. 发动机在低速、小负荷工况下,可变进气系统应切换到(　　)进气道。

　　A. 长　　　　　　　　　　B. 短　　　　　　　　　　C. 不能确定

6. 发动机在高转速范围内,可变进气系统应切换到(　　)进气道。

　　A. 长　　　　　　　　　　B. 短　　　　　　　　　　C. 不能确定

7. "机械增压 + 涡轮增压"系统,发动机在低速时,(　　)增压器单独参加工作。

　　A. 涡轮　　　　　　　　　B. 机械　　　　　　　　　C. 不能确定

8. "机械增压 + 涡轮增压"系统,发动机在高速时,(　　)增压器不参加工作。

　　A. 涡轮　　　　　　　　　B. 机械　　　　　　　　　C. 不能确定

9. 装有空气流量计的发动机,节气门后方出现真空泄漏时,发动机怠速转速(　　)。

　　A. 提高　　　　　　　　　B. 降低　　　　　　　　　C. 不能确定

三、判断题 (对下列说法,正确的在后面的括号中划"√",错误的划" × ")

1. 空气滤清器在车辆行驶规定里程后,应更换滤芯。　　　　　　　　　　　　(　　)

2. 热线式空气流量计内设计有自洁电路。　　　　　　　　　　　　　　　　(　　)

3. 发动机冷态时,怠速空气阀关闭。　　　　　　　　　　　　　　　　　　(　　)

4. 在 ECU 的控制下,发动机会自动维持怠速转速稳定运转。　　　　　　　　(　　)

5. 步进电机式怠速电控阀,电机转子转动时,螺母轴向移动。　　　　　　　　(　　)

6. 可变进气系统也称谐波增压技术。　　　　　　　　　　　　　　　　　　(　　)

7. 可变进气系统,在发动机低转速、小负荷下,可增大发动机的功率。　　　　(　　)

8. 涡轮增压系统在高速时容易产生"涡轮迟滞"现象。　　　　　　　　　　　(　　)

9. 电子节气门技术采用直流电动机来驱动节气门的开闭。　　　　　　　　　(　　)

10. 检修热丝式空气流量计时,不能把手伸入传感器,以免损坏热丝。　　　　(　　)

四、简答题

1. 简述空气供给装置的作用。

2. 简述就车检查步进电机式怠速控制阀的方法。

3. 简述直动式节气门的工作原理。

4. 简述电子节气门的工作原理。

5. 简述常用的进气道清洗方法。

五、看图答题

结合下图，完成相应的填空。

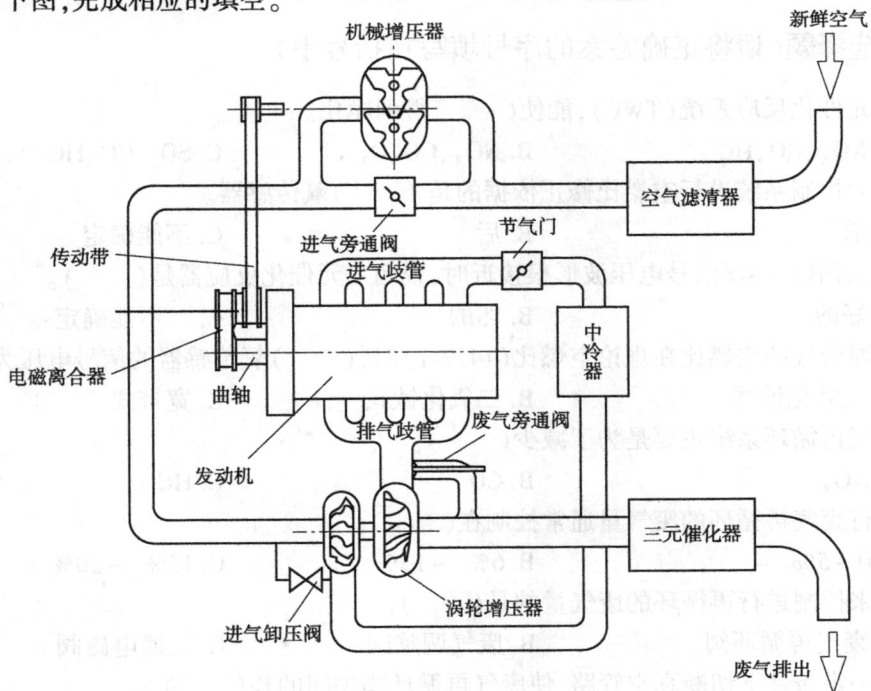

当发动机转速 < 1500r/ min 时,电磁离合器_____,机械增压器单独参加工作;当发动机转速在 1500 ～ 3500r/ min 之间时,电磁离合器_____,旁通阀_____开,一部分空气通过机械增压器,另外一部分空气则进入涡轮增压器。

课题五　排气系统及排放的控制

一、填空题

1. 排气系统通常由_____、_____和排气消声器等组成。

2. 排气消声器用以降低从排气管排出的废气的_____和_____,以消除火星和噪声。

3. 三元催化反应装置由_____、_____、温度报警装置(有的车没有)和空燃比反馈控制系统及 ECU 等组成。

4. 催化反应器损坏的原因经常是_____、碳烟、焦油等引起的,因此,应使用无铅汽油。

5. 常见的氧传感器有_____式和_____式和_____式氧传感器。

6. 二次空气喷射系统,向排气净化系统喷入_____,促进_____、_____的燃烧,达到废气净化的目的。

7. 废气再循环系统由_____阀、_____阀和三通电磁阀等组成。

8. 燃油蒸气回收系统的作用是:防止从_____内排出的燃油蒸气对大气的污染。

9. 燃油蒸气回收装置有_____控制和_____控制两种。

二、选择题(请将正确答案的序号填写在括号中)

1. 三元催化反应系统(TWC),能使(　　)得到净化。
   A. NO_x、CO、HC　　　　B. NO_x、CO、O_2　　　　C. SO_2、CO、HC

2. 作为控制系统进行空燃比修正依据的是 (　　)氧传感器。
   A. 前　　　　　　　　　B. 后　　　　　　　　　C. 不能确定

3. 前、后氧传感器信号电压波形很接近时,说明三元催化反应器是(　　)。
   A. 好的　　　　　　　　B. 坏的　　　　　　　　C. 不能确定

4. 当混合气的空燃比在理论空燃比(14.7:1)时,(　　)氧传感器的信号电压为 2.5V。
   A. 二氧化锆式　　　　　B. 二氧化钛式　　　　　C. 宽带式

5. 废气再循环系统主要是为了减少(　　)。
   A. NO_x　　　　　　　　B. CO　　　　　　　　　C. HC

6. 进行废气再循环的废气量通常控制在(　　)。
   A. 0 ～ 5%　　　　　　　B. 6% ～ 13%　　　　　　C. 15% ～ 20%

7. 用来控制进行再循环的废气量的是(　　)。
   A. 废气再循环阀　　　　B. 废气调整阀　　　　　C. 三通电磁阀

8. 在一定条件下切断真空管路,使废气再循环阀关闭的是(　　)。

A. 废气调整阀　　　　　　B. 三通电磁阀　　　　C. 不能确定

9. 发动机在(　　)时,废气再循环阀开启。

A. 冷却液温度很低　　　　B. 中等负荷　　　　C. 高转速

三、判断题(对下列说法,正确的在后面的括号中划"√",错误的划"×")

1. 三元催化反应器堵塞后,将使排气背压升高,使发动机动力性下降、燃油耗增加、排放恶化等。　　　　　　　　　　　　　　　　　　　　　　　　(　　)

2. 引起三元催化反应器故障的上极限温度一般为1000℃。　　　(　　)

3. 当三元催化转化器外观损坏或排气尾管有颗粒排出时,必须更换。(　　)

4. 如发动机怠速时 CO、NO_x 排放量不符合要求,三元催化转化器可能失效。(　　)

5. 氧传感器内的加热器将导致传感器的输出特性不稳定。　　　(　　)

6. 当发动机温度上升时,二次空气喷射系统继续向排气管喷射空气。(　　)

7. 废气调整阀能使废气再循环阀的开度随节气门的开大而变小。　(　　)

四、简答题

1. 电控汽油机排放控制系统常采取哪些措施?

2. 简述燃油蒸气回收系统中炭罐的作用。

课题六　电子控制系统

一、填空题

1. 电控单元(ECU)由_____、A/D 转换器、微型计算机和_____等组成,许多汽车在电脑内还设有 CAN。

2. 在将蓄电池从电路中断开之前,必须先通过自诊断系统或解码器调出_____。

3. 检测发动机 ECU 要用_____阻抗的仪表,脉冲电路应用_____或示波器检查。

4. 汽车故障检测仪分为:_____型检测仪、_____型检测仪。

二、选择题（请将正确答案的序号填写在括号中）

1.属于数字信号的是(　　　)。

　A.空气流量　　　　　　　　　B.冷却液温度　　　　　　　C.霍尔传感器电压信号

2.当 P/N 开关(　　　)时,起动机线路才能接通。

　A.打开　　　　　　　　　　　B.接通　　　　　　　　　　C.不能确定

3.急打转向盘时,转向开关(　　　),ECU 使发动机喷油及点火时刻发生变化。

　A.打开　　　　　　　　　　　B.接通　　　　　　　　　　C.不能确定

4.踩下汽车制动踏板时,制动开关(　　　)。

　A.打开　　　　　　　　　　　B.接通　　　　　　　　　　C.不能确定

5.点火开关接通的情况下,(　　　)将蓄电池从电路中断开。

　A.不能　　　　　　　　　　　B.能　　　　　　　　　　　C.不能确定

三、判断题（对下列说法,正确的在后面的括号中划"√",错误的划"×"）

1.氧传感器的电压信号是数字信号。　　　　　　　　　　　　　　　　　　　　(　　　)

2.A/D 转换器的功能是:将输入 ECU 的数字信号转换成模拟信号。　　　　　　(　　　)

3.输出回路的功能是将微机输出的信号转换成能驱动执行元件的输出信号。　(　　　)

4.空挡起动开关按通,ECU 检测到起动信号,会自动减少喷油量。　　　　　　(　　　)

5.在对发动机 ECU 进行检修时,操作人员应视情将身体接地。　　　　　　　(　　　)

6.安装蓄电池时,注意正、负极不可接反,否则会损坏 ECU。　　　　　　　　(　　　)

7.严禁用试火法或刮火法检修电控系统电路。　　　　　　　　　　　　　　　(　　　)

8.当 ECU 内微处理器发生故障时,备用系统将接通备用集成电路,用固定的信号控制
发动机进入强制运转。　　　　　　　　　　　　　　　　　　　　　　　　　　(　　　)

9.当某些传感器或执行器出现故障时,ECU 会自动按存储器内设定的程序和数据控制
发动机。　　　　　　　　　　　　　　　　　　　　　　　　　　　　　　　　(　　　)

四、简答题

1.简述电控系统自诊断的原理。

2.简述检测仪的工作原理。

课题七　汽车巡航系统(CCS)

一、填空题

1.汽车巡航系统由_____、传感器、_____、执行器等组成。

2.退出巡航控制的开关包括:_____开关、_____开关、_____开关、空挡起动开关及 CANCEL 开关等。

3.车速传感器用以测量汽车行驶速度,可同时用于_____控制、_____控制和_____控制等。

4.巡航控制系统执行器有_____驱动型和_____驱动型两种。

二、选择题(请将正确答案的序号填写在括号中)

1.汽车巡航系统执行器调节(　　)。

　　A.节气门开度　　　　　　B.制动力大小　　　　　　C.喷油量

2.巡航控制主开关接通时,如将点火开关关闭后再次接通,主开关(　　)。

　　A.仍保持关闭　　　　　　B.仍保持接通　　　　　　C.不能确定

三、判断题(对下列说法,正确的在后面的括号中划"√",错误的划"×")

1.汽车巡航系统是一种利用电控技术保持汽车自动高速行驶的系统。　　　(　　)

2.手柄式巡航控制开关不是自动回位型。　　　(　　)

四、简答题

简述巡航控制 ECU 的控制功能。

阶段考核试题(单元五)

班级_____ 姓名_____ 学号_____ 成绩_____

一、填空题(每空1分 共30分)

1. 可燃混合气浓度的表示方法有:_____、_____两种。

2. 汽油机的正常燃烧分为:_____期、_____期、补燃期等三个过程。

3. 电控汽油机燃料供给系统由_____系统、_____系统、排气系统和电子控制系统等组成。

4. 根据汽油的喷射位置,汽油喷射系统可分为_____喷射和_____喷射。

5. 汽油喷射系统,按空气量测量方式不同可分为_____检测法和_____检测法两种。

6. 间歇脉冲喷射可分为:同时喷射、_____喷射和_____喷射三种。

7. 曲轴位置传感器分为_____式、光电式和_____式三种。

8. 汽油缸内喷射系统的燃烧模式有:_____燃烧模式、_____燃烧模式和过渡燃烧模式三种。

9. 空气流量计按结构形式分有:_____式、热膜式、_____式及叶片式和量芯式。

10. 进气压力传感器按信号产生原理的不同可分为_____式、电容式、膜盒式和表面弹性波式等。

11. 节气门体由节气门、怠速_____、怠速_____、空气阀等组成。

12. 电子节气门系统主要由:_____、加速踏板位置传感器、ECU、数据总线、EPC指示灯和_____等组成。

13. 常见的氧传感器有_____式和二氧化钛式和_____式氧传感器。

14. 在将蓄电池从电路中断开之前,必须先通过自诊断系统或解码器调出_____。

15. 检测发动机ECU要用_____阻抗的仪表,脉冲电路应用_____或示波器检查。

二、选择题(请将正确答案的序号填写在括号中 每题2分,共20分)

1. 混合气的空燃比是指:混合气中的空气与燃料的(   )之比。

   A. 体积　　　　　　　　B. 质量　　　　　　　　C. 比重

2. 同时喷射一般采用发动机每转(   ),各缸喷油器同时喷油一次。

   A. 一周　　　　　　　　B. 两周　　　　　　　　C. 不能确定

3. 高电阻式电磁喷油器,线圈电阻为(   )Ω。

   A. 3~4　　　　　　　　B. 12~14　　　　　　　　C. 20~25

4. 发动机冷却液温度传感器内部,是一个半导体(   )温度系数热敏电阻。

   A. 负　　　　　　　　　B. 正　　　　　　　　　C. 不能确定

5. 汽油缸内喷射系统,在分层燃烧模式时,汽油在(　　)行程中喷入汽缸。
    A. 吸气　　　　　　　　B. 压缩　　　　　　　　C. 做功

6. 发动机在高转速范围内,可变进气系统应切换到(　　)进气道。
    A. 长　　　　　　　　　B. 短　　　　　　　　　C. 不能确定

7. 三元催化反应系统(TWC),能使(　　)得到净化。
    A. NO_x、CO、HC　　　B. NO_x、CO、O_2　　C. SO_2、CO、HC

8. 废气再循环系统主要是为了减少(　　)。
    A. NO_x　　　　　　　B. CO　　　　　　　　　C. HC

9. 属于数字信号的是(　　)。
    A. 空气流量　　　　　　B. 冷却液温度　　　　　C. 霍尔传感器电压信号

10. 汽车巡航系统执行器调节(　　)。
    A. 节气门开度　　　　　B. 制动力大小　　　　　C. 喷油量

三、判断题(对下列说法,正确的在后面的括号中划"√",错误的划"×",每题2分,共20分)

1. 发动机在大、全负荷工况工作时,要求供给经济成分的混合气。　　　　　(　　)
2. 确定发动机基本供油量的主控信号是转速和负荷信号。　　　　　　　　(　　)
3. 喷油器基本喷油时刻是根据节气门开度信号计算出来的。　　　　　　　(　　)
4. 发动机冷态时,急速空气阀关闭。　　　　　　　　　　　　　　　　　(　　)
5. 可变进气系统,在发动机低转速、小负荷下,可增大发动机的功率。　　　(　　)
6. 引起三元催化反应器故障的上极限温度一般为1000℃。　　　　　　　(　　)
7. 当发动机温度上升时,二次空气喷射系统继续向排气管喷射空气。　　　(　　)
8. 废气调整阀能使废气再循环阀的开度随节气门的开大而变小。　　　　　(　　)
9. 空挡起动开关按通,ECU检测到起动信号,会自动减少喷油量。　　　　(　　)
10. 在对发动机ECU进行检修时,操作人员应视情将身体接地。　　　　　(　　)

四、简答题(每题4分,共16分)

1. 发动机断油控制的内容有哪些?

2. 电控汽油机排放控制系统常采取哪些措施?

3.简述直动式节气门的工作原理。

4.简述检测仪的工作原理。

五、看图答题(每题 7 分,共 14 分)

1.标全下图中的零部件名称,并说出燃油供给装置的组成。

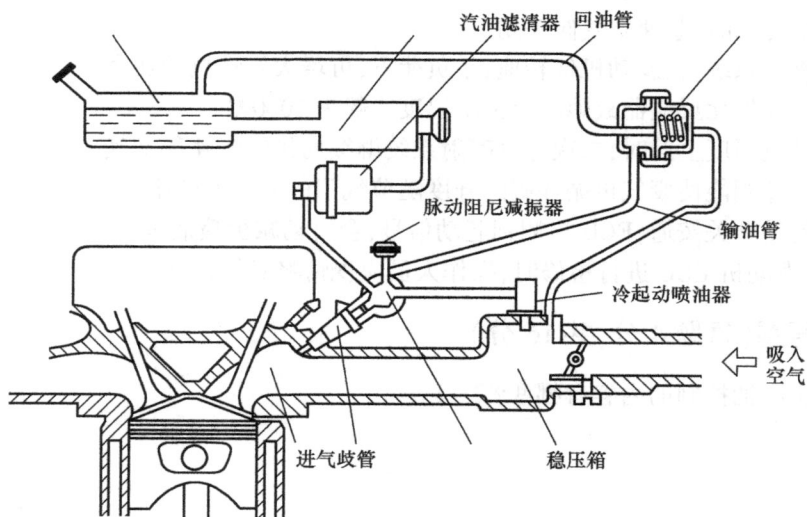

汽油滤清器　回油管

脉动阻尼减振器

输油管

冷起动喷油器

吸入空气

进气歧管

稳压箱

2. 结合下图完成相关的填空。

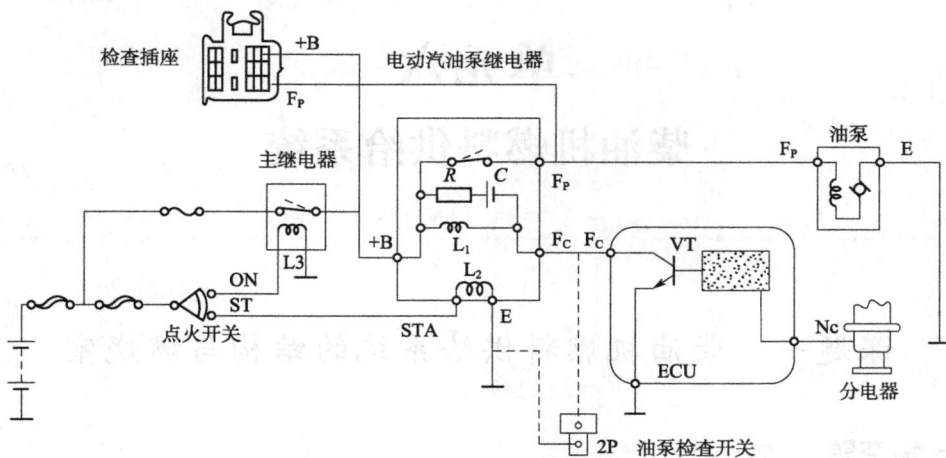

发动机起动时,L3 线圈_____电,主继电器触点闭合,L2 线圈_____电,油泵继电器触点_____,汽油泵投入工作。

发动机正常运转过程中,L3 线圈_____电,L2 线圈_____电,但 ECU 接收到转速传感器的输入信号,使晶体管 Tr 导通,L1 线圈_____电,油泵继电器触点保持闭合,汽油泵继续工作。

单元六
柴油机燃料供给系统

课题一　柴油机燃料供给系统的结构与燃烧室

一、填空题

1. 柴油机燃料供给系的低压油路油压是由_____建立的，而高压油路的油压是靠_____建立的。

2. 柴油机燃烧室通常分为_____式燃烧室和_____式燃烧室两大类。

3. ω形燃烧室、球形燃烧室和 U 形燃烧室等均属于_____式燃烧室。

二、选择题（请将正确答案的序号填写在括号中）

1. 对于分隔式燃烧室，位于缸盖底面与活塞顶之间的那部分，称为（　　　）。
　　A. 主燃烧室　　　　　　　　B. 辅助燃烧室　　　　　　C. 不能确定

2. 采用分隔式燃烧室的发动机，喷油器将柴油喷入（　　　）。
　　A. 主燃烧室　　　　　　　　B. 辅助燃烧室　　　　　　C. 不能确定

三、判断题（对下列说法，正确的在后面的括号中划"√"，错误的划"×"）

1. 柴油机的低压油路油压一般为 0.15 ~ 0.3MPa。　　　　　　　　　　　（　　　）

2. 柴油机的高压油路油压一般在 10MPa 以上。　　　　　　　　　　　　（　　　）

3. 对于分隔式燃烧，在汽缸盖内的那部分称主燃烧室。　　　　　　　　（　　　）

4. 统一式燃烧室，几乎全部容积都在缸盖凹坑内。　　　　　　　　　　（　　　）

四、简答题

简述柴油机可燃混合气的形成特点。

五、看图答题

看下图说出低压油路、高压油路分别指的是哪一段？

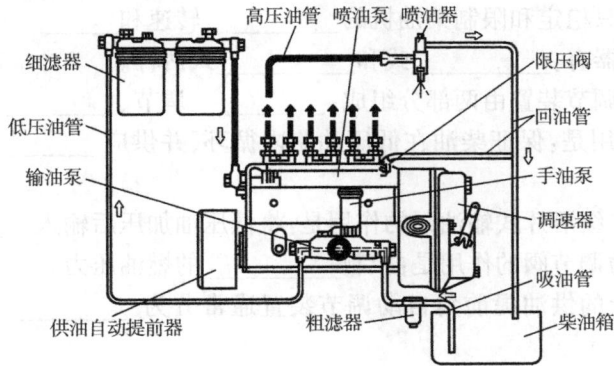

课题二　柴油机燃料供给系统的主要零部件

一、填空题

1.闭式喷油器有_____式和_____式两种。_____式喷油器多用于直接喷射式燃烧室上，_____式喷油器则主要用于分隔式燃烧室上。

2.喷油泵能使燃油变成_____，并按照柴油机各种不同工况的要求，定_____、定_____地将高压燃油送至喷油器，然后喷入燃烧室中。

3.柱塞式喷油泵的分泵主要由_____偶件、_____偶件等组成。

4.柱塞式喷油泵每次泵出的油量取决于_____行程的长短，此行程大小可通过改变柱塞_____与柱塞套_____的相对位置来改变。

5.当柱塞的有效行程为_____时，喷油泵处于_____状态。

6.油量调节机构的作用是：根据柴油机负荷和转速的变化相应改变喷油泵的_____并保证各缸的供油量的_____。

7.改变喷油泵凸轮轴与柴油机曲轴的相对位置，可改变发动机的_____。

8.改变滚轮传动部件的高度h，可以改变分泵的_____。

9.柱塞表面有严重的磨损痕迹、颜色发暗时，应_____。

10.出油阀偶件减压环带、锥面有严重的磨损痕迹时，应_____。

11.同一发动机相邻各缸供油间隔角度，可通过滚轮部件上的_____来调整。

12.调速器的作用是：根据柴油机_____及转速的变化，对喷油泵的_____进

47

行自动调节,以使柴油机能稳定运行。

13. 调速器按功能分类有:_____调速器、_____调速器、_____调速器及综合调速器。

14. 两极调速器只稳定和限制柴油机的_____转速和_____转速。

15. 常见的联轴器有:_____式和_____式两种。

16. 供油提前角调节装置由两部分组成:_____调节、_____调节。

17. 输油泵的作用是:保证柴油在低压油路内循环,并供应_____及_____的柴油给喷油泵。

18. VE 泵中的二级滑片式输油泵的作用是:将低压油加压后输入_____内。

19. VE 泵中压力调节阀的作用是:控制_____的燃油压力。

20. VE 分配泵上的供油提前角自动调节装置通常分为_____提前和_____提前两种。

21. 负荷提前装置的作用是:在油泵转速不变时,喷油泵能随_____的大小自动改变_____。

22. VE 分配泵同时采用两种不同结构的停油装置,一种是_____式,另一种是_____式。

23. 转动 VE 分配泵停油手柄,可使_____向减油方向移动,喷油泵就停止供油。

24. PT 燃油系统又称为_____系统。

25. PT 燃油系统喷油器,柱塞往复运动一次即可完成一个循环的_____、计量、_____、_____的全过程。

26. PT 燃油系统喷油器,循环喷油量取决于计量的尺寸、计量_____和_____。

27. PT 燃油系统喷油器,改变调整垫片的厚度即可改变_____。

28. 柴油机废气涡轮增压技术,不仅可_____功率、进行高原补偿,还可通过增压来_____燃油耗,_____废气污染物的排放和降低噪音。

29. 涡轮增压系统的基本类型,根据排气能量的利用方式,可分为_____涡轮增压系统、_____涡轮增压系统。

30. 涡轮增压系统,根据涡轮增压器的多少可分为:_____涡轮增压系统和_____涡轮增压系统。

31. 双涡轮增压系统,两个涡轮增压器按气缸工作顺序分为_____组,每组气缸排气驱动_____增压器。

32. 车用废气涡轮增压器由:_____、_____、_____三部分组成。

33. 废气涡轮增压器所需要的润滑油来自_____。

二、选择题(请将正确答案的序号填写在括号中)

1. 在喷油器中,可通过调整( )来调整其喷油压力。

    A. 针阀   B. 针阀体   C. 调压弹簧弹力

2. 同一发动机相邻各缸供油时间间隔角度偏差一般不得超过( )。

1. ±0.5°   B.1°   C.2°

3. 喷油泵各分泵平均供油量的差别（　　）。
    A.≥3%　 B.≥5%   C.≥7%

4. 改变柱塞与柱塞套间的（　　）相对位置,可改变分泵的泵油量。
    A.轴向   B.径向   C.不能确定

5. 滚轮传动部件的高度增大,供油提前角（　　）。
    A.减小   B.增大   C.不能确定

6. 在供油拉杆位置（　　）时,喷油泵供油量随转速变化的关系称为喷油泵的速度特性。
    A.改变   B.不变   C.不能确定

7. （　　）调速器适用于负荷变化较大的柴油机。
    A.单速   B.全程   C.两极

8. 输油泵的输油量和供油压力（　　）自动调节。
    A.能   B.不能   C.不确定

9. 电热塞的作用是:提高进入汽缸空气的温度,保证（　　）条件下迅速可靠地起动发动机。
    A.低温   B.高温   C.任何温度

10. VE 分配泵有（　　）根柱塞,柱塞具有泵油及配油的双重作用。
    A.1   B.2   C.3

11. VE 分配泵柱塞的进油槽数量与柴油机缸数（　　）相同。
    A.1/2   B.相同   C.倍数

12. VE 分配泵的柱塞既作（　　）运动又作（　　）运动。
    A.旋转   B.曲线   C.直线

13. VE 分配泵,若柱塞预行程不符合要求,可通过改变（　　）进行调整。
    A.柱塞后部的垫片厚度   B.柱塞直径   C.平面凸轮的高度

14. VE 分配泵中的电磁式停油装置,电磁感应线圈（　　）时,油泵停止供油。
    A.通电   B.断电   C.不能确定

15. PT 燃油系统中取消了（　　）油管。
    A.高压   B.低压   C.回油

16. PT 燃油系统中柴油的高压是由（　　）建立起来的。
    A.输油泵   B.喷油泵   C.喷油器

17. 废气涡轮增压技术就是利用发动机（　　）做动力源。
    A.压缩空气   B.废气的能量   C.缸内气压

18. 增压后发动机功率的增加程度可用（　　）来表示。
    A.增压度   B.压缩比   C.进气温度比

19. 各缸的排气管都通向一根排气总管的涡轮增压系统,称为（　　）涡轮增压系统。
    A.定压   B.变压   C.都不是

20. 中、小型发动机多采用（　　）增压。
    A.高   B.低   C.中

21. 涡轮增压器轴由（　　）个浮动轴承支承在中间体上。

    A. 1　　　　　　　　　B. 2　　　　　　　　　C. 3

22. 可变截面涡轮增压系统（VNT），在发动机低速或急加速时，（　　）提高了废气的流速。

    A. 降低　　　　　　　　B. 提高　　　　　　　　C. 不能确定

23. 可变截面涡轮增压系统，在发动机高转速工况时，改变了喷嘴环叶片的角度，（　　）废气的流速。

    A. 降低　　　　　　　　B. 提高　　　　　　　　C. 不能确定

三、判断题（对下列说法，正确的在后面的括号中划"√"，错误的划"×"）

1. 多缸柴油机，为使各缸喷油器工作一致，各缸高压油管的工作有效长度应视需要有所不同。　　　　　　　　　　　　　　　　　　　　　　　　　　　　（　　）

2. 轴针式喷油器的轴针在喷孔内往复运动，能清除喷孔中的积炭和杂物。（　　）

3. 喷油器中的针阀和针阀体有变形和损坏时，应更换针阀。　　　　　（　　）

4. 针阀和针阀体应在清洁的柴油中装复。　　　　　　　　　　　　　（　　）

5. 柱塞式喷油泵的分泵数与发动机的缸数相同。　　　　　　　　　　（　　）

6. 出油阀中的减压环带若磨损严重，会引起喷油器的滴漏。　　　　　（　　）

7. 滚轮架在工作中不仅能上下移动还能转动。　　　　　　　　　　　（　　）

8. 喷油泵凸轮轴是由柴油机的曲轴通过齿轮驱动的。　　　　　　　　（　　）

9. 泵体上的低压油腔，当油压大于一定值时，油道另一端的限压阀关闭。（　　）

10. 喷油泵体上的限压阀还兼有放气作用。　　　　　　　　　　　　　（　　）

11. 喷油泵泵体下腔内的润滑油与调速器壳体内的润滑油是不通的。　（　　）

12. 多缸柴油机各缸的供油量不一致，将使各缸工作压力不同，从而使发动机功率降低且运转不稳。　　　　　　　　　　　　　　　　　　　　　　　　　　　（　　）

13. 两极调速器用于转速变化较频繁的柴油机。　　　　　　　　　　　（　　）

14. 曲轴正时齿轮、中间传动齿轮、喷油泵驱动正时齿轮上均刻有喷油正时标记，装配时标记必须对齐。　　　　　　　　　　　　　　　　　　　　　　　　　　（　　）

15. 当柴油机转速降低时，供油提前角则相应增大。　　　　　　　　　（　　）

16. 供油提前角自动调节器，可根据发动机转速的变化自动调节供油提前角。（　　）

17. 输油泵中的手油泵，可用来驱除高、低压油路中的空气。　　　　　（　　）

18. 在柴油机反转时，VE 型分配泵柱塞压油时进油孔关闭，防止了柴油机的反转。　　　　　　　　　　　　　　　　　　　　　　　　　　　　　　　　（　　）

19. PT 燃油系统的喷油器具有计量、喷射和定时的功能。　　　　　　　（　　）

20. PT 燃油泵是高压燃油泵。　　　　　　　　　　　　　　　　　　　（　　）

21. 双涡轮增压系统的增压器转动平稳。　　　　　　　　　　　　　　（　　）

22. 废气旁通阀开度的大小可以改变增压强度。　　　　　　　　　　　（　　）

23. 中冷器将空气冷却后，空气的密度就减小了，从而可提高发动机经济性。（　　）

24. 可变截面涡轮增压系统（VNT），在发动机高速时有较好的增压效果。（　　）

25. 可变截面涡轮增压系统(VNT)，在发动机高速时可避免增压过度及涡轮超速的问题。
（　　）

四、简答题

1. 对喷油器有哪些具体的要求？

2. 对喷油泵有哪些具体的要求？

3. 简述出油阀偶件的密封性试验。

4. 简述柴油机静态供油提前角的调整过程。

5. 简述柴油机低压油路内空气的排除过程。

6. 详细叙述废气涡轮增压器的安全使用注意事项。

五、看图答题

1. 参看下图，简述柱塞偶件的滑动性能试验。

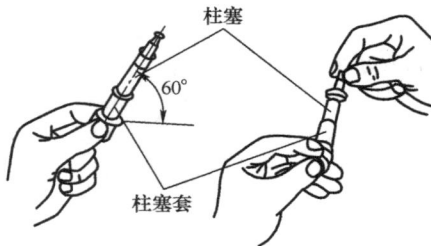

2. 参看下图，简述柱塞偶件的密封性能试验。

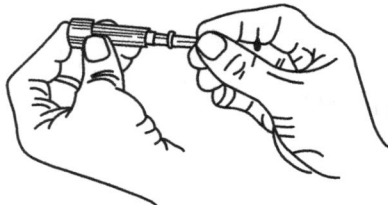

3. 完成下图中有标线的零件名称，并说出 VE 泵系统中的低压系统的组成。

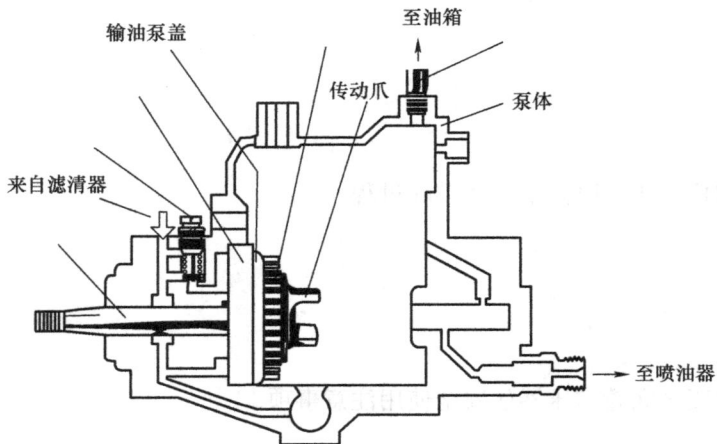

单元七
柴油机电控燃油喷射系统（ECD）

一、填空题

1. 柴油机电子控制燃油喷射系统基本传感器有：转速传感器、曲轴位置传感器 、_____传感器、_____传感器、进气温度传感器、进气压力传感器 、_____传感器、_____传感器 、_____传感器、冷却液温度传感器等。

2. ECD 系统按直接控制的喷油量控制方式不同可分为_____控制和_____控制。

3. ECD 系统按产生高压燃油的机构不同可分为_____电控喷射系统、_____电控喷射系统、_____式电控喷射系统、_____式电控喷射系统。

4. 位置控制式电控喷油泵分为_____式和_____式两种。

5. 位置控制式电控喷油泵,由调速器执行机构控制_____的位置,从而控制供油量。

6. 位置控制式电控喷油泵,由提前器执行机构控制_____和_____间的相位差,从而控制喷油提前角。

7. 时间控制式电控喷油泵,ECU 控制在泄油通路上_____,定时开、关泄油通路实现对喷油量的控制。

8. 燃烧始点光电传感器的作用是：将燃烧室内的_____转换成电信号,输入 ECU,ECU 根据此信号判定实际_____,并以此修正_____。

9. 电控泵—喷嘴系统,喷油泵柱塞可通过_____驱动或采用_____驱动。

10. 电控液压驱动泵—喷嘴系统,配有两条油路：_____和_____。

11. 高压共轨式 ECD 系统的喷射压力,直接取决于_____或由_____增压活塞对由共轨来的油压予以增压。

12. 高压共轨式 ECD 系统,电磁阀式喷油器上的电磁阀控制_____和_____。

13. 高压供油泵主要作用是：将低压燃油变成_____燃油,储存在_____内,等待 ECU 的喷射指令。

14. Bosch 公司的供油泵由_____驱动,采用_____润滑。

15. 共轨压力传感器的作用是：测定_____实时燃油压力,并向 ECU 提供电信号。

16. 流量限制器的作用是：防止喷油器可能出现的_____现象。

17. 调压阀的作用是：根据发动机的负荷状况_____和_____共轨中的压力。

18. 供油泵控制阀（PCV）的作用是：通过调整_____供入_____内的燃油量，来调整共轨内的燃油压力。

19. 供油泵控制阀_____的时刻，决定了供油泵向共轨内供入的供油量。

20. 可控滑套式的可变预行程喷油泵，有效行程取决于_____和_____。

21. 可控滑套式的可变预行程喷油泵开始泵油时刻取决于_____，停止泵油时刻取决于_____与控制套筒上的出油口的相对位置。

22. 三角形喷油规律是指：初期喷油速率_____、_____停喷的喷油规律。

二、选择题（请将正确答案的序号填写在括号中）

1. 由于电控液压驱动式泵—喷嘴系统采用了机油作共轨工作油，所以该系统冷起动（　　　）。

　　A. 较容易　　　　　　　B. 较困难　　　　　　　C. 不变

2. 高压共轨式 ECD 系统，施加在电磁阀上的控制通电脉宽增加，喷油量（　　　）。

　　A. 增加　　　　　　　　B. 减少　　　　　　　　C. 不变

3. 当共轨流出的油量超过最大流量时，流量限制器将（　　　）流向相应喷油器的进油口，停止喷油。

　　A. 自动关闭　　　　　　B. 自动打开　　　　　　C. 不变

4. 当共轨压力过高时，调压阀（　　　），一部分燃油经集油管流回油箱；当共轨压力过低时，调压阀（　　　），高压端对低压端密封。

　　A. 关闭　　　　　　　　B. 打开　　　　　　　　C. 不变

5. 可控滑套式的可变预行程喷油泵，控制滑套上移时，柱塞预行程（　　　），喷油速率（　　　）。

　　A. 增大　　　　　　　　B. 减小　　　　　　　　C. 不变

三、判断题（对下列说法,正确的在后面的括号中划"√",错误的划"×"）

1. 位置控制式电控喷油泵是通过电动调速器和喷油提前角调节器来控制燃油喷射量和喷油正时。　（　　）

2. 电控泵—喷嘴系统属位置控制类型。　（　　）

3. 电控液压驱动式泵—喷嘴系统，采用机油作共轨工作油。　（　　）

4. 电控液压驱动式泵—喷嘴系统，喷油定时和喷油量由电磁阀的提升和下降时间决定。　（　　）

5. 压电晶体式喷油器的针阀动作要比电磁阀式快 1 倍。　（　　）

6. Bosch 公司的高压共轨式燃油喷射系统，供油泵的供油压力可以通过压力限制器进行设定。　（　　）

7. 限压阀相当于安全阀，它的作用是限制共轨中的最低压力。　（　　）

8. 为了保证可燃混合气的形成与燃烧质量，低速时必须有高的喷油压力。　（　　）

9. 为了高压油管的安全，高速时高压油管内油压不能过高。　（　　）

四、简答题

1. 简述位置控制式 ECD 系统电子调速器的工作原理。

2. 简述凸轮驱动式电控泵—喷嘴喷射系统的工作原理。

阶段考核试题（单元六、单元七）

班级_____ 姓名_____ 学号_____ 成绩_____

一、填空题（每空1分 共30分）

1. 柴油机燃料供给系的低压油路油压是由_____建立的,而高压油路的油压是靠_____建立的。

2. 柴油机燃烧室通常分为_____式燃烧室和_____式燃烧室两大类。

3. 闭式喷油器有_____式和_____式两种。

4. 柱塞式喷油泵的分泵主要由_____偶件、_____偶件等组成。

5. 当柱塞的有效行程为_____时,喷油泵处于不泵油状态。

6. 改变喷油泵凸轮轴与柴油机曲轴的相对位置,可改变发动机的_____。

7. 调速器的作用是:根据柴油机_____及转速的变化,对喷油泵的_____进行自动调节,以使柴油机能稳定运行。

8. 供油提前角调节装置由两部分组成:_____调节、_____调节。

9. VE分配泵同时采用两种不同结构的停油装置,一种是_____式,另一种是_____式。

10. PT燃油系统又称为_____系统。

11. PT燃油系统喷油器,柱塞往复运动一次即可完成一个循环的_____、计量、升压、_____的全过程。

12. 柴油机废气涡轮增压技术,不仅可_____功率、进行高原补偿,还可通过增压来_____燃油耗,降低废气污染物的排放和噪音。

13. 废气涡轮增压器所需要的润滑油来自_____。

14. 时间控制式电控喷油泵,ECU控制在泄油通路上_____,定时开、关泄油通路实现对喷油量的控制。

15. 高压共轨式ECD系统的喷射压力,直接取决于_____或由喷油器中增压活塞对由共轨来的油压予以增压。

16. 共轨压力传感器的作用是:测定_____实时燃油压力,并向ECU提供电信号。

17. 流量限制器的作用是:防止喷油器可能出现的_____现象。

18. 调压阀的作用是:根据发动机的负荷状况_____和_____共轨中的压力。

19. 供油泵控制阀（PCV）的作用是:通过调整_____供入_____内的燃油量,来调整共轨内的燃油压力。

二、选择题（请将正确答案的序号填写在括号中 每题2分,共30分）

1. 采用分隔式燃烧室的发动机,喷油器将柴油喷入（　　　）。

　A. 主燃烧室　　　　　B. 辅助燃烧室　　　　　C. 不能确定

2. 在喷油器中,可通过调整（　　　）来调整其喷油压力。

A. 针阀   B. 针阀体   C. 调压弹簧弹力

3. 改变柱塞与柱塞套间的(　　)相对位置,可改变分泵的泵油量。

    A. 轴向   B. 径向   C. 不能确定

4. 滚轮传动部件的高度增大,供油提前角(　　)。

    A. 减小   B. 增大   C. 不能确定

5. 在供油拉杆位置(　　)时,喷油泵供油量随转速变化的关系称为喷油泵的速度特性。

    A. 改变   B. 不变   C. 不能确定

6. 电热塞的作用是:提高进入汽缸空气的温度,保证(　　)条件下迅速可靠地起动发动机。

    A. 低温   B. 高温   C. 任何温度

7. VE 分配泵有(　　)根柱塞,柱塞具有泵油及配油的双重作用。

    A. 1   B. 2   C. 3

8. VE 分配泵柱塞的进油槽数量与柴油机缸数(　　)相同。

    A. 1/2   B. 相同   C. 倍数

9. VE 分配泵的柱塞既作(　　)运动又作(　　)运动。

    A. 旋转   B. 曲线   C. 直线

10. PT 燃油系统中柴油的高压是由(　　)建立起来的。

    A. 输油泵   B. 喷油泵   C. 喷油器

11. 增压后发动机功率的增加程度可用(　　)来表示。

    A. 增压度   B. 压缩比   C. 进气温度比

12. 涡轮增压器轴由(　　)个浮动轴承支承在中间体上。

    A. 1   B. 2   C. 3

13. 可变截面涡轮增压系统,在发动机高转速工况时,改变了喷嘴环叶片的角度,(　　)废气的流速。

    A. 降低   B. 提高   C. 不能确定

14. 由于电控液压驱动式泵—喷嘴系统采用了机油作共轨工作油,所以该系统冷起动(　　)。

    A. 较容易   B. 较困难   C. 不变

15. 可控滑套式的可变预行程喷油泵,控制滑套上移时,柱塞预行程(　　),喷油速率(　　)。

    A. 增大   B. 减小   C. 不变

三、判断题(对下列说法,正确的在后面的括号中划"√",错误的划"×",每题 2 分,共 20 分)

1. 柴油机的高压油路油压一般在 10MPa 以上。   (　　)

2. 多缸柴油机,为使各缸喷油器工作一致,各缸高压油管的工作有效长度应视需要有所不同。   (　　)

3. 针阀和针阀体应在清洁的柴油中装复。   (　　)

4 出油阀中的减压环带若磨损严重,会引起喷油器的滴漏。 （ ）

5. 输油泵中的手油泵,可用来驱除高、低压油路中的空气。 （ ）

6. 在柴油机反转时,VE 型分配泵柱塞压油时进油孔关闭,防止了柴油机的反转。

（ ）

7. PT 燃油系统的喷油器具有计量、喷射和定时的功能。 （ ）

8. 废气旁通阀开度的大小可以改变增压强度。 （ ）

9. 可变截面涡轮增压系统(VNT),在发动机高速时有较好的增压效果。 （ ）

10 压电晶体式喷油器的针阀动作要比电磁阀式快 1 倍。 （ ）

四、简答题(每题 5 分,共 10 分)

1. 简述柴油机可燃混合气的形成特点。

2. 简述柴油机低压油路内空气的排除过程。

单元八
发动机润滑系

一、填空题

1. 润滑系的作用（即机油的作用）有：润滑、_____、_____、_____、吸振。除此以外，还有防止锈蚀的作用。

2. 发动机常见的润滑方式有_____润滑和_____润滑。

3. 机油泵多采用_____式和_____式。

4. 机油泵一般由曲轴直接或通过中间惰轮驱动、_____驱动、_____驱动等几种形式。

5. 机油泵上的限压阀，用来保持油道内油压_____。

6. 机油泵盖上的卸压槽与出油腔相连，用以降低_____间的机油压力。

7. 机油泵齿顶间隙变大，会使机油泵的泵油量_____、泵油压力_____。

8. 机油集滤器有_____式和_____式两种。

9. 机油细滤器有：_____式和_____式两种，现大多采用_____式。

10. 机油散热器有两种形式：_____冷式和_____冷式。_____冷式机油散热器通常采用管片式。

11. 曲轴箱通风装置有：_____通风和_____通风两种方式。

12. 机油中发现大量的金属碎屑或小颗粒时，要彻底清洗_____，更换_____和_____。

13. 机油由_____和_____两部分组成。

14. 机油有两种分类方法：按_____分类和按_____分类。

15. 机油的检查内容包括：机油_____、机油_____和机油是否泄漏。

二、选择题（请将正确答案的序号填写在括号中）

1. 发动机中，负荷大、相对运动速度高的摩擦面，常采用（   ）润滑。

　　A. 压力　　　　　　　　B. 飞溅　　　　　　　　C. 润滑脂

2. 与主油道串联的称为（   ）滤清器。

　　A. 分流式　　　　　　　B. 全流式　　　　　　　C. 离心式

3. 机油细滤器采用分流式，与主油道（   ）。

　　A. 并联　　　　　　　　B. 串联　　　　　　　　C. 混联

4. 用以清除机油中直径在 0.01～0.03 mm 的细小杂质的是（   ）。

　　A. 机油粗滤器　　　　　　B. 机油细滤器　　　　　　C. 集滤器

5.（　　）滤清器只允许小部分机油通过。

　　A. 全流式　　　　　　　　B. 分流式　　　　　　　　C. 两者都是

6. 急速时曲轴箱通风量应（　　）；节气门开度加大时，曲轴箱的通气量应（　　）。

　　A. 较少　　　　　　　　　B. 增加　　　　　　　　　C. 不变

7. 良好的曲轴箱通风装置，在发动机正常工作时，曲轴箱内应（　　）。

　　A. 与大气压相同　　　　　B. 有压力　　　　　　　　C. 有一定的真空度

8. 测量发动机机油平面高度时，应在（　　）。

　　A. 规定油温下　　　　　　B. 发动机急速运转时　　　C. 汽车行驶时

9. 柴油机一般采用（　　）曲轴箱通风的方式。

　　A. 强制循环式　　　　　　B. 自然通风式　　　　　　C. 两者都有

10. 机油冷却器，从机油中带走热量并将它传递给（　　）。

　　A. 汽缸体　　　　　　　　B. 汽缸盖　　　　　　　　C. 冷却液

三、判断题（对下列说法，正确的在后面的括号中划"√"，错误的划"×"）

1. 曲轴轴承与轴颈采用飞溅润滑。　　　　　　　　　　　　　　　　　　（　　）

2. 汽缸壁与活塞外表面采用压力润滑。　　　　　　　　　　　　　　　　（　　）

3. 机油泵齿轮啮合间隙变大，会使机油泵的泵油量减小、泵油压力降低。（　　）

4. 转子式机油泵的内转子与泵壳偏心安装，内外转子的齿数不同，转速却相等。（　　）

5. 机油粗滤器采用全流式而细滤器则采用分流式。　　　　　　　　　　　（　　）

6. 机油泵进油口前设置有集滤器。　　　　　　　　　　　　　　　　　　（　　）

7. 在更换机油时，应同时更换全流式一次性机油滤清器。　　　　　　　　（　　）

8. 当机油滤清器滤芯堵塞时，旁通阀打开，防止油道内缺油。　　　　　　（　　）

9. 机油冷却器即风冷式机油散热器。　　　　　　　　　　　　　　　　　（　　）

10. 发动机急速时，过多的曲轴箱气体流入汽缸，会造成急速不稳或熄火。（　　）

11. 发动机在装配前，必须彻底清洗和疏通各个润滑油道。　　　　　　　　（　　）

四、简答题

1. 使用中如何判断离心式机油细滤器的好坏？

2. 油底壳的机油平面过高、过低有何危害？

3. 如何正确检查油底壳的机油平面高度？

4. 如何正确清洗机油通道？

5. 简述机油的选用原则。

单元九

发动机冷却系

一、填空题

1. 发动机冷却系可分为_____冷却和_____冷却两大类。冷却液工作温度一般为_____℃。

2. 散热器按冷却管的布置形式进行分类有:_____冷却管、_____冷却管及_____冷却管。

3. 散热器按的水流方向不同,可分为:_____流式散热器和_____流式散热器。

4. 散热器按芯子结构不同可为:_____式、_____式和_____式。

5. 空气中间冷却器,使进入汽缸的空气温度_____,空气密度_____,增加了进入汽缸的气体量,从而提高增压柴油机的功率。

6. 空气中间冷却器冷却介质有:_____、_____和_____。

7. 冷却液泵的作用是:对冷却液_____,使冷却液在冷却系_____循环流动。

8. 风扇的扇风量主要与风扇的_____、_____、_____、叶片扭转角及叶片数目有关。

9. 冷却风扇常用的控制装置有:_____离合器、_____离合器和_____。

10. 电磁式风扇离合器有:_____刷式和_____刷式之分。

11. 节温器的作用是:随发动机冷却系温度的变化_____控制通过散热器的冷却液_____,使发动机工作在正常的温度范围内。

12. 蜡式节温器有:_____阀式和_____阀式之分。

13. 防冻液中常见的添加剂有:_____剂、_____剂、_____剂。

二、选择题(请将正确答案的序号填写在括号中)

1. 封闭式液冷系的散热器盖中,有两个自动阀门,即空气阀和蒸汽阀,( )使散热器与大气或膨胀水罐相通。

A. 视需要　　　　B. 气温低时　　　　C. 气温高时

2. ( )发动机利用穿过铸造在缸体、缸盖上的散热片的空气来冷却发动机。

A. 液冷式　　　　B. 风冷式　　　　C. 直列式

3. 发动机冷却液在进行( )循环时,冷却液不需流经散热器。

A. 小　　　　B. 大　　　　C. 混合

4. 发动机冷却系统中,用来自动改变冷却液循环路线的是(　　)。

    A. 水泵   B. 风扇   C. 节温器

5. 冷却液泵由(　　)驱动的。

    A. 电机   B. 凸轮轴   C. 曲轴

6. (　　)散热器用于前部较低的汽车。

    A. 离心式   B. 竖流式   C. 横流式

7. 散热器的主要散热部分是(　　)。

    A. 进水罐   B. 出水罐   C. 芯子

8. 防冻液用来保护冷却系统,使其不会(　　)。

    A. 结冰   B. 渗漏   C. 过冷

9. 防冻液是(　　)的废弃品。

    A. 无害   B. 有害   C. 无毒

10. 节温器主阀门在(　　)时才打开。

    A. 低温时   B. 高温时   C. 冷却液沸腾时

11. 大多数轿车发动机,采用的节温器布置在(　　)中。

    A. 汽缸盖出水管   B. 汽缸体进水管   C. 汽缸体进水管

三、判断题(对下列说法,正确的在后面的括号中划"√",错误的划"×")

1. 当发动机温度较高(特别是"开锅")时,应立即开启散热器盖。   (　　)

2. 膨胀罐的作用是:给冷却液提供一个冷却的空间。   (　　)

3. 装有膨胀罐,可免使空气进入冷却系统,从而避免冷却系统部件的锈蚀和腐蚀。

                                                   (　　)

4. 壳体直接铸造在汽缸体上的冷却液泵,当确定泵有故障时,必须更换泵总成,不进行分解检修。   (　　)

5. 风扇的转速应与发动机运行工况所需的冷却强度相一致。   (　　)

6. 硅油离合器内的硅油一定要加足,一般为15ml。   (　　)

7. 若节温器阀门在室温下开启,则予以更换。   (　　)

8. 冷却水最好选用软水,即:含盐分少的水,如雨水、雪水、自来水等。   (　　)

9. 不同类型的防冻液不宜混用。   (　　)

10. 在使用过程中,防冻液中的水蒸气蒸发后,应及时更换防冻液。   (　　)

11. 防冻液品牌、规格的选用及与水、添加剂的配比,可以根据当地气温条件来确定。

                                                   (　　)

12. 如更换了散热器、热交换器、缸盖、缸垫,则不可再用旧冷却液。   (　　)

13. 防冻液的颜色发生了变化,可能是防冻液的浓度及冷却系统发生了腐蚀或混有其他冷却液。   (　　)

14. 有些发动机明确规定必须使用防冻液。   (　　)

四、简答题

1. 如何用经验法对冷却液泵进行性能试验?

2. 当硅油风扇离合器失灵时应如何急救？

3. 如何用简单的就车检测方法判断硅油风扇离合器的好坏？

4. 为什么发动机不允许在拆除节温器的状态下工作？

阶段考核试题(单元八、单元九)

班级_____ 姓名_____ 学号_____ 成绩_____

一、填空题(每空1分 共30分)

1. 润滑系的作用(即机油的作用)有:润滑、_____、密封、_____、吸振。除此以外,还有防止锈蚀的作用。

2. 发动机常见的润滑方式有_____润滑和_____润滑。

3. 机油泵一般由:曲轴直接或通过中间惰轮驱动、_____驱动、_____驱动等几种形式。

4. 机油散热器有两种形式:_____冷式和_____冷式。

5. 曲轴箱通风装置有:_____通风和_____通风两种方式。

6. 机油由_____和_____两部分组成。

7. 机油的检查内容包括:机油_____、机油_____和机油是否泄漏。

8. 发动机冷却系可分为_____冷却和_____冷却两大类。冷却液工作温度一般为_____℃。

9. 散热器按冷却管的布置形式进行分类有:_____冷却管、_____冷却管及三列冷却管。

10. 散热器按水流方向不同,可分为:_____流式散热器和_____流式散热器。

11. 冷却液泵的作用是:对冷却液_____,使冷却液在冷却系_____循环流动。

12. 风扇的扇风量主要与风扇的_____、转速、_____、叶片扭转角及叶片数目有关。

13. 节温器的作用是:随发动机冷却系温度的变化_____控制通过散热器的冷却液_____,使发动机工作在正常的温度范围内。

14. 蜡式节温器有:_____阀式和_____阀式之分。

15. 防冻液中常见的添加剂有:_____剂、阻垢剂、_____剂。

二、选择题(请将正确答案的序号填写在括号中 每题2分,共20分)

1. 发动机中,负荷大、相对运动速度高的摩擦面,常采用( )润滑。
   A. 压力　　　　　　　B. 飞溅　　　　　　　C. 润滑脂

2. 与主油道串联的称为( )滤清器。
   A. 分流式　　　　　　B. 全流式　　　　　　C. 离心式

3. 急速时曲轴箱通风量应( );节气门开度加大时,曲轴箱的通气量应( )。
   A. 较少　　　　　　　B. 增加　　　　　　　C. 不变

4. 机油冷却器,从机油中带走热并将它传递给( )。
   A. 汽缸体　　　　　　B. 汽缸盖　　　　　　C. 冷却液

5. 封闭式液冷系的散热器盖中,有两个自动阀门,即空气阀和蒸汽阀,( )使散热器与大气或膨胀水罐相通。

    A. 视需要   B. 气温低时   C. 气温高时

  6. 发动机冷却液在进行(　　)循环时,冷却液不需流经散热器。

    A. 小   B. 大   C. 混合

  7. 发动机冷却系统中,用来自动改变冷却液循环路线的是(　　)。

    A. 水泵   B. 风扇   C. 节温器

  8. (　　)散热器用于前部较低的汽车。

    A. 离心式   B. 竖流式   C. 横流式

  9. 防冻液是(　　)的废弃品。

    A. 无害   B. 有害   C. 无毒

  10. 节温器主阀门在(　　)时才打开。

    A. 低温时   B. 高温时   C. 冷却液沸腾时

三、判断题(对下列说法,正确的在后面的括号中划"√",错误的划"×",每题2分,共20分)

  1. 汽缸壁与活塞外表面采用压力润滑。   (　　)

  2. 机油泵齿轮啮合间隙变大,会使机油泵的泵油量减小、泵油压力降低。 (　　)

  3. 在更换机油时,应同时更换全流式一次性机油滤清器。   (　　)

  4. 发动机怠速时,过多的曲轴箱气体流入汽缸,会造成怠速不稳或熄火。(　　)

  5. 发动机在装配前,必须彻底清洗和疏通各个润滑油道。   (　　)

  6. 膨胀罐的作用是给冷却液提供一个冷却的空间。   (　　)

  7. 若节温器阀门在室温下开启,则予以更换。   (　　)

  8. 不同类型的防冻液不宜混用。   (　　)

  9. 防冻液品牌、规格的选用及与水、添加剂的配比,可以根据当地气温条件来确定。

                                                        (　　)

  10. 如更换了散热器、热交换器、缸盖、缸垫,则不可再用旧冷却液。   (　　)

四、简答题(每题6分,共30分)

1. 油底壳的机油平面过高、过低有何危害?

2. 如何正确检查油底壳的机油平面高度?

3. 简述机油的选用原则。

4. 如何用简单的就车检测方法判断硅油风扇离合器的好坏？

5. 为什么发动机不允许在拆除节温器的状态下工作？

单元十
新能源汽车技术介绍

课题一　概　　述

一、填空题

1. _____汽车是指采用非常规的车用燃料作为动力来源(或使用常规的车用燃料、采用新型车载动力装置),综合车辆的动力控制和驱动方面的先进技术,形成的技术原理先进、具有新技术、新结构的汽车。

2. 电动汽车通常分为_____、_____、_____和_____等几种类型。

3. 燃料电池电动汽车的优点有_____、_____、寿命长和_____。

4. 混合动力电动汽车的主要优点有_____、_____和_____。

二、选择题(请将正确答案的序号填写在括号中)

1. Electric Vehicle,是指(　　　)。
   A. 混合动力汽车　　　B. 燃料电池汽车　　　C. 电动汽车　　　D. 都不是

2. (　　　)汽车,是指同时装备两种动力来源——热动力源与电动力源的汽车。
   A. 混合动力电动　　　　　　　　　B. 燃料电池电动
   C. 纯电动　　　　　　　　　　　　D. 太阳能电池电动

3. 不属于燃料电池电动汽车特点的是(　　　)。
   A. 排放几乎为零　　　　　　　　　B. 能量转换效率高
   C. 氢燃料来源广泛　　　　　　　　D. 寿命短

三、判断题(对下列说法,正确的在后面的括号中划"√",错误的划"×")

1. 混合动力电动汽车根据内燃机和电动机的能量流动及两者在结构上的连接关系,可分为串联式、并联式和混联式三种类型。　　　　　　　　　　　　　　　(　　　)

2. 混合动力汽车是采用燃料电池作为动力能源的汽车。　　　　　　　　　(　　　)

3. 太阳能电池电动汽车是指利用太阳能转换成电能来驱动的汽车。　　　(　　　)

4. 混合动力汽车不属于电动汽车。　　　　　　　　　　　　　　　　　　(　　　)

四、简答题

什么是纯电动汽车,它的优点有哪些?

课题二 纯电动汽车

一、填空题

1. 纯电动汽车的结构与燃油汽车相比,取消了发动机,增加了_____。
2. 电力驱动控制系统是电动汽车的核心,分为三个子系统:_____、主能源系统和_____。
3. 主能源系统主要包括_____、能量管理系统和充电器等。

二、选择题(请将正确答案的序号填写在括号中)

1. 相比于内燃机汽车,以下哪一项不是纯电动汽车的特点(   )。
 A. 传动系统柔性化　　　　　　　　B. 动力系统电能化
 C. 控制系统精确化　　　　　　　　D. 续驶里程长
2. (   )是按电控单元的指令和电动机的速度、电流的反馈信号,对电动机的速度、驱动转矩和旋转方向进行控制。
 A. 功率转换器　　　　　　　　　　B. 电机
 C. 机械传动装置　　　　　　　　　D. 充电器
3. 选项中的众泰5008纯电动汽车部件,没有布置在车辆前舱内的是(   )。
 A. 电动机　　　　　　　　　　　　B. 电动机控制器
 C. 动力电池组　　　　　　　　　　D. DC-DC电能变换器

三、判断题(对下列说法,正确的在后面的括号中划"√",错误的划"×")

1. 主能源系统主要包括动力电池、能量管理系统和充电器等。　　　　　(   )
2. 电子驱动与传动系统主要包括电控单元、动力电池、电动机、机械传动装置和驱动车轮等。　　　　　　　　　　　　　　　　　　　　　　　　　　　　　(   )
3. 纯电动汽车的能量管理系统主要功用是对电动汽车用电池单体及整组进行实时监控、充放电、巡检、温度检测等。　　　　　　　　　　　　　　　　　　(   )

四、简答题

纯电动汽车的三个子系统分别包括哪些?

五、看图答题

根据下图说明纯电动汽车的工作过程？

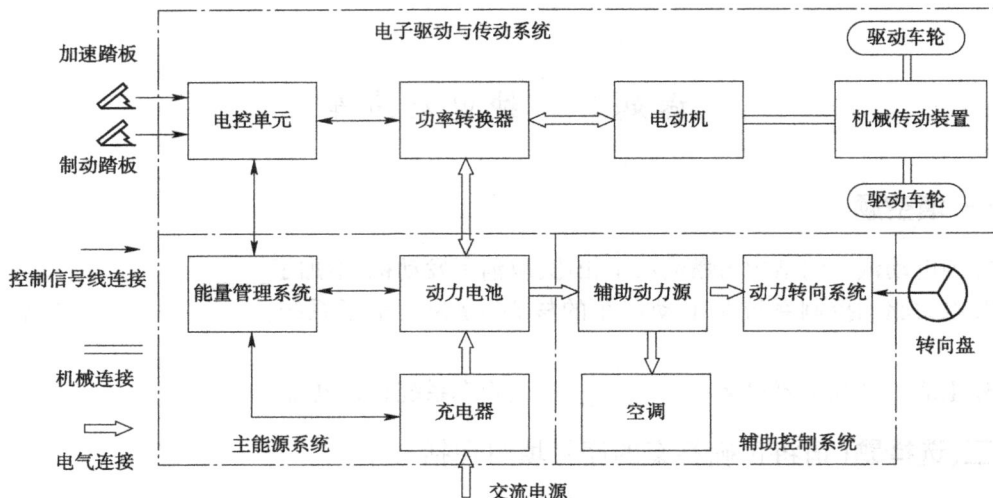

课题三　　混合动力汽车

一、填空题

1.混合动力汽车按混合动力驱动模式、结构布置形式及动力传输路线分主要有以下三类：_____、_____和_____。

2._____混合动力汽车通过发动机和电动机共同驱动汽车,也可以单独工作。

3._____模式,MG1 由发动机通过行星齿轮带动旋转,为 HV 蓄电池充电。

二、选择题(请将正确答案的序号填写在括号中)

1.(　　)混合动力汽车结合了串联和并联两种方式的特点,通过调整发电机转速,可以控制机械传输通道和电力传输通道的动力分配比例。

    A.混联式　　　　　　B.串联式　　　　　　C.并联式　　　　　　D.增程式

2.(　　)总成安装于发动机舱内,它包括变频器、增压转换器、DC-DC 转换器和空调变频器。

    A.HV 蓄电池　　　　B.变速驱动桥　　　　C.HV ECU　　　　D.变频器

3.车辆减速时,车轮的动能被回收并转化为电能,并通过 MG2 为 HV 蓄电池再次充电,为（　　）模式。

    A. MG2 驱动车辆行驶　　　　　　　　B. 发动机驱动车辆

    C. MG1 为蓄电池充电　　　　　　　　D. 制动动能回收

4.（　　），用于将最高电压从 DC 201.6V→DC 12V，为车身电气组件供电以及为备用蓄电池充电。

    A. 增压转换器　　　　　　　　　　　B. DC-DC 转换器

    C. 空调变频器　　　　　　　　　　　D. HV 蓄电池总成

三、判断题（对下列说法，正确的在后面的括号中划"√"，错误的划"×"）

1. 丰田混合动力汽车的动力中枢是丰田混合动力系统，它使用柴油机和电动机两种动力。　　　　　　　　　　　　　　　　　　　　　　　　　　　　　（　　）

2. THS-Ⅱ P112 驱动桥包括变速驱动桥阻尼器、MG1（发电机）、MG2（电动机）、行星齿轮组和减速装置等。　　　　　　　　　　　　　　　　　　　　　　（　　）

3. 串联式混合动力汽车，通过发电机发电，驱动电动机并由电动机带动驱动轮，就是我们常说的增程式。　　　　　　　　　　　　　　　　　　　　　　　（　　）

4. MG2 由发动机带动旋转产生高压电驱动 MG1 或为 HV 蓄电池充电。同时它还可以作为起动机起动发动机。　　　　　　　　　　　　　　　　　　　　　（　　）

四、简答题

串联式、并联式和混联式混合动力汽车分别有什么优缺点？

五、看图答题

根据下图说明混合动力系统在发动机微加速时工作过程？

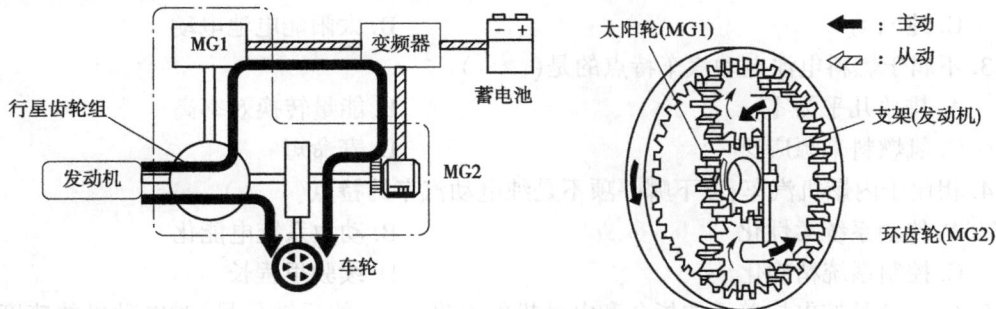

阶段考核试题（单元十）

班级_____ 姓名_____ 学号_____ 成绩_____

一、填空题（每空 2 分，共 40 分）

1. _____汽车是指采用非常规的车用燃料作为动力来源（或使用常规的车用燃料、采用新型车载动力装置），综合车辆的动力控制和驱动方面的先进技术，形成的技术原理先进、具有新技术、新结构的汽车。

2. 电动汽车通常分为_____、_____、_____和_____等几种类型。

3. 燃料电池电动汽车的优点有_____、_____、寿命长和_____。

4. 混合动力电动汽车的主要优点有_____、_____、_____和_____。

5. 纯电动汽车的结构与燃油汽车相比，取消了发动机，增加了_____。

6. 电力驱动控制系统是电动汽车的核心，分为三个系统：_____、主能源系统和_____。

7. 主能源系统主要包括_____、能量管理系统和充电器等。

8. 混合动力汽车按混合动力驱动模式、结构布置形式及动力传输路线分主要有以下三类：_____、_____和_____。

9. _____混合动力汽车通过发动机和电动机共同驱动汽车，也可以单独工作。

10. _____模式，MG1 由发动机通过行星齿轮带动旋转，为 HV 蓄电池充电。

二、选择题（请将正确答案的序号填写在括号中，每题 1.5 分，共 15 分）

1. Electric Vehicle,是指（   ）。
   A. 混合动力汽车　　　　　　　　B. 燃料电池汽车
   C. 电动汽车　　　　　　　　　　D. 都不是

2. （   ）汽车,是指同时装备两种动力来源——热动力源与电动力源的汽车。
   A. 混合动力电动　　　　　　　　B. 燃料电池电动
   C. 纯电动　　　　　　　　　　　D. 太阳能电池电动

3. 不属于燃料电池电动汽车特点的是（   ）。
   A. 排放几乎为零　　　　　　　　B. 能量转换效率高
   C. 氢燃料来源广泛　　　　　　　D. 寿命短

4. 相比于内燃机汽车,以下哪一项不是纯电动汽车的特点（   ）。
   A. 传动系统柔性化　　　　　　　B. 动力系统电能化
   C. 控制系统精确化　　　　　　　D. 续驶里程长

5. （   ）是按电控单元的指令和电动机的速度、电流的反馈信号,对电动机的速度、驱动转矩和旋转方向进行控制。
   A. 功率转换器　　　　　　　　　B. 电机
   C. 机械传动装置　　　　　　　　D. 充电器

6. 选项中的众泰5008纯电动汽车部件,没有布置在车辆前舱内的是(   )。

A. 电动机　　　　　　　　　　B. 电动机控制器

C. 动力电池组　　　　　　　　D. DC-DC电能变换器

7.(   )混合动力汽车结合了串联和并联两种方式的特点,通过调整发电机转速,可以控制机械传输通道和电力传输通道的动力分配比例。

A. 混联式　　　　　　　　　　B. 串联式

C. 并联式　　　　　　　　　　D. 增程式

8.(   )总成安装于发动机舱内,它包括变频器、增压转换器、DC-DC转换器和空调变频器。

A. HV蓄电池　　　　　　　　B. 变速驱动桥

C. HV ECU　　　　　　　　　D. 变频器

9. 车辆减速时,车轮的动能被回收并转化为电能,并通过MG2为HV蓄电池再次充电,为(   )模式。

A. MG2驱动车辆行驶　　　　B. 发动机驱动车辆

C. MG1为蓄电池充电　　　　D. 制动动能回收

10.(   ),用于将最高电压从DC 201.6V→DC 12V,为车身电气组件供电以及为备用蓄电池充电。

A. 增压转换器　　　　　　　　B. DC-DC转换器

C. 空调变频器　　　　　　　　D. HV蓄电池总成

三、判断题(对下列说法,正确的在后面的括号中划"√",错误的划"×"。每题1分,共10分)

1. 混合动力汽车是采用燃料电池作为动力能源的汽车。　　　　　　　　(　　)

2. 太阳能电池电动汽车是指利用太阳能转换成电能来驱动的汽车。　　　(　　)

3. 混合动力汽车不属于电动汽车。　　　　　　　　　　　　　　　　　(　　)

4. 主能源系统主要包括动力电池、能量管理系统和充电器等。　　　　　(　　)

5. 电子驱动与传动系统主要包括电控单元、动力电池、电动机、机械传动装置和驱动车轮等。　　　　　　　　　　　　　　　　　　　　　　　　　　　　(　　)

6. 纯电动汽车的能量管理系统主要功用是对电动汽车用电池单体及整组进行实时监控、充放电、巡检、温度检测等。　　　　　　　　　　　　　　　　　(　　)

7. 丰田混合动力汽车的动力中枢是丰田混合动力系统,它使用柴油机和电动机两种动力。　　　　　　　　　　　　　　　　　　　　　　　　　　　　　(　　)

8. THS-Ⅱ P112驱动桥包括变速驱动桥阻尼器、MG1(发电机)、MG2(电动机)、行星齿轮组和减速装置等。　　　　　　　　　　　　　　　　　　　　　(　　)

9. 串联式混合动力汽车,通过发电机发电,驱动电动机并由电动机带动驱动轮,就是我们常说的增程式。　　　　　　　　　　　　　　　　　　　　　　　(　　)

10. MG2由发动机带动旋转产生高压电驱动MG1或为HV蓄电池充电。同时它还可以作为起动机起动发动机。　　　　　　　　　　　　　　　　　　　　(　　)

四、简答题(每题 6 分,共 18 分)

1. 什么是纯电动汽车,它的优点有哪些?

2. 纯电动汽车的三个子系统分别包括哪些?

3. 串联式、并联式和混联式混合动力汽车分别有什么优缺点?

五、看图答题(共 17 分)

1. 根据下图说明纯电动汽车的工作过程? (10 分)

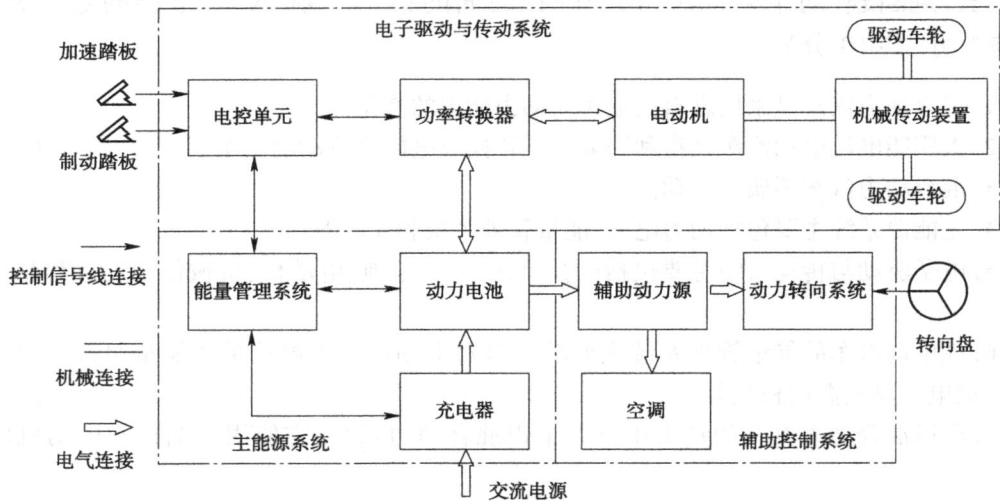

2. 根据下图说明混合动力系统在发动机微加速时工作过程？（7分）

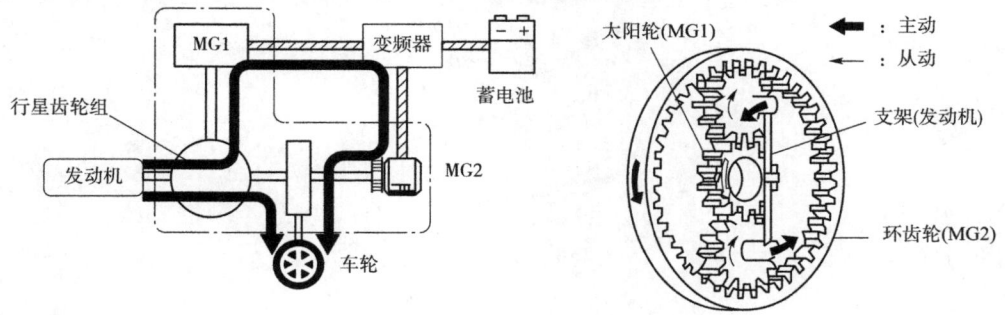

MG1　变频器　蓄电池

行星齿轮组

发动机

MG2

车轮

太阳轮(MG1)

支架(发动机)

环齿轮(MG2)

■：主动
←：从动

习题集解部分

绪　论

一、填空题

1.乘用、商用

2.世界制造厂识别代号、车辆说明部分、辆批示部分

3.发动机、底盘、车身

4.驾驶室、货厢

二、选择题（请将正确答案的序号填写在括号中）

1.C　2.A

三、判断题（对下列说法,正确的在后面的括号中划"√",错误的划"×"）

1.√　2.√　3.×　4.×

四、简答题

1.汽车主要尺寸参数包括：总长,总宽,总高,轴距,轮距,前悬,后悬,最小离地间隙,接近角,离去角。

2.汽车的性能参数包括：最高车速,最大爬坡度,最小转弯半径,平均燃油消耗量,驱动方式。

单元一　汽车发动机总体构造

一、填空题

1.液、风、点、压

2.二、一、四

3.进气、压缩、做功

4.$S = 2R$

5.曲柄连杆、配气、燃油供给、润滑、冷却、起动

6.$V_a = V_c + V_h$

7.往复直线、旋转

二、选择题（请将正确答案的序号填写在括号中）

1.A　2.C　3.B

三、判断题（对下列说法,正确的在后面的括号中划"√",错误的划"×"）

1.√　2.×　3.√　4.×　5.×　6.√

四、简答题

发动机总体构造由机体组、曲柄连杆机构、配气机构、燃料供给系、点火系（汽油机）、润滑系、冷却系和起动系组成。

五、看图答题

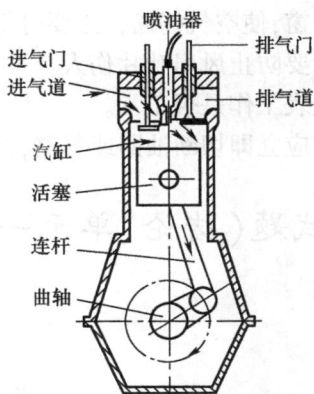

（1）进气行程：进气门打开，排气门关闭，活塞下行，汽缸内产生真空吸力，纯空气被吸入；

（2）压缩行程：进、排气门关闭，活塞上行，缸内纯空气被压缩，压力和温度急剧升高，当压缩行程接近终了时，喷油器将高压柴油呈雾状喷入汽缸，在很短时间内与压缩后的高温空气混合形成可燃混合气；

（3）做功行程：进、排气门仍均关闭，活塞到达上止点时，混合气压缩自燃后产生的气体压力推动活塞下行，通过连杆、曲轴对外做功；

（4）排气行程：排气门打开、进气门关闭，活塞上行，将燃烧后的废气排出缸外。

单元二　汽车维修制度及常用维修机具

一、填空题

1. 预防为主、强制维护
2. 定期、非定期
3. 视情修理
4. 液压、机械

二、选择题（请将正确答案的序号填写在括号中）

1. A　2. C　3. A　4. A

三、判断题（对下列说法，正确的在后面的括号中划"√"，错误的划"×"）

1. √　2. ×　3. ×　4. √　5. ×

四、简答题

1.（1）车辆和总成送修时，承修单位、送修单位应签订合同，商定送修要求，修理车日和质量保证等。（2）车辆送修时，应具备行驶功能，装备齐全，不得拆换。（3）总成送修时，应在装合状，附件零件不得拆装和短缺。（4）肇事车辆或因特殊原因不能行驶和短缺零部件的车辆，在签订合同时，应做出相应的规定和说明。（5）车辆的总成送修时，应得车辆和总成有关技术档案一并送承修单位。

2.（1）起动前应检查机油、冷却液是否加足；变速杆是否在空挡位置，并拉紧驻车制动器。

（2）被调试汽车应具有完好的起动装置，用手摇柄起动时，应防止反转伤。

（3）在室内起动时，应打开门窗，使空气畅通，必要时将排气管接出室外。

（4）在发动机运转中，操作者要防止风扇叶片伤人。

（5）起动后，应及时检查各仪表工作是否正常。

（6）当柴油机调速器失灵时，应立即切断油路或气路，以免发生"飞车事故"。

阶段考核试题（绪论、单元一、单元二）

题解（略）

单元三　曲柄连杆机构

课题一　机　体　组

一、填空题

1. 燃料燃烧、气体压力、转矩

2. 机体、活塞连杆、曲轴飞轮

3. 汽缸体和汽缸套、汽缸盖、汽缸垫

4. 灰铸铁、铝合金、铝合金

5. 直列式、V 形排列、对置式

6. 无、干式、湿式

7. 在汽缸体上直接加工出汽缸

8. 一般、龙门、隧道

9. 裂纹、磨损、变形

10. 水压

11. 汽缸的上部、活塞顶部和汽缸壁

二、选择题（请将正确答案的序号填写在括号中）

1. A　2. A　3. A　4. B　5. B　6. A　7. A

三、判断题（对下列说法，正确的在后面的括号中划"√"，错误的划"×"）

1. √　2. √　3. √　4. ×　5. √　6. √　7. ×　8. √　9. ×　10. √　11. ×　12. √

13. √

四、简答题

1. 在零件检验时和镶换汽缸套、气门座圈及气门导管等过盈配合件后，应各进行一次压力为 350~400kPa、保压时间为 5 min 的水压试验。如由里向外有水珠渗出，即表明该处有裂纹。

2. 当变形量较小时，用铲刀铲削的方法进行修平；当变形量较大时以主轴承孔中心线为基准进行铣削或磨削修复。

五、看图答题

1. 龙门　一般

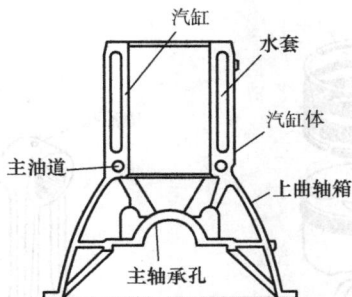

汽缸
水套
汽缸体
主油道
上曲轴箱
主轴承孔

2. 高出量过小:降低汽缸垫的压紧强度,易引起汽缸内的高压气体窜入水套和水套中的冷却水渗入汽缸的现象,且会损坏汽缸垫;高出量过大:减弱汽缸盖对汽缸垫的压紧量,导致机油通道和水道密封性下降而渗漏。在换用新汽缸套时,应首先检查此高出量。

课题二　活塞连杆组

一、填空题

1. 顶、环槽、裙

2. 密封、散热、刮油、布油、散热

3. 内圆切槽、外圆切槽

4. 变差、下降

5. 端、侧、背

6. 全浮式、半浮式

7. 热胀法、冷压法

8. 小头、杆身、大头

9. 止口、套筒、锯齿

10. 连杆轴颈全长上、铰链

11. 钢背、减磨合金层、钢背

二、选择题(请将正确答案的序号填写在括号中)

1. A　2. A　B　3. C　4. A　5. A　6. C　7. A　8. C

三、判断题(对下列说法,正确的在后面的括号中划"√",错误的划"×")

1. √　2. ×　3. √　4. √　5. √　6. ×　7. √　8. √　9. √　10. ×　11. √　12. √

13. √　14.　15. √　16. √　17.　18. √

四、简答题

1. 汽缸与活塞之间的配缸间隙过大易出现活塞敲缸、窜机油、漏气现象;间隙过小易出现困缸、拉缸现象。

2. 活塞及环槽内积炭,先用煤油浸透,顶部用软刷或钝的刮刀清理,不应有刮痕。槽内积炭应用专用工具进行清除。

3. 连杆变形后,使活塞在汽缸中歪斜,引起活塞与汽缸、连杆轴承与连杆轴颈的偏磨,敲缸,拉缸,破坏连杆轴承、衬套的正常配合。

五、看图答题

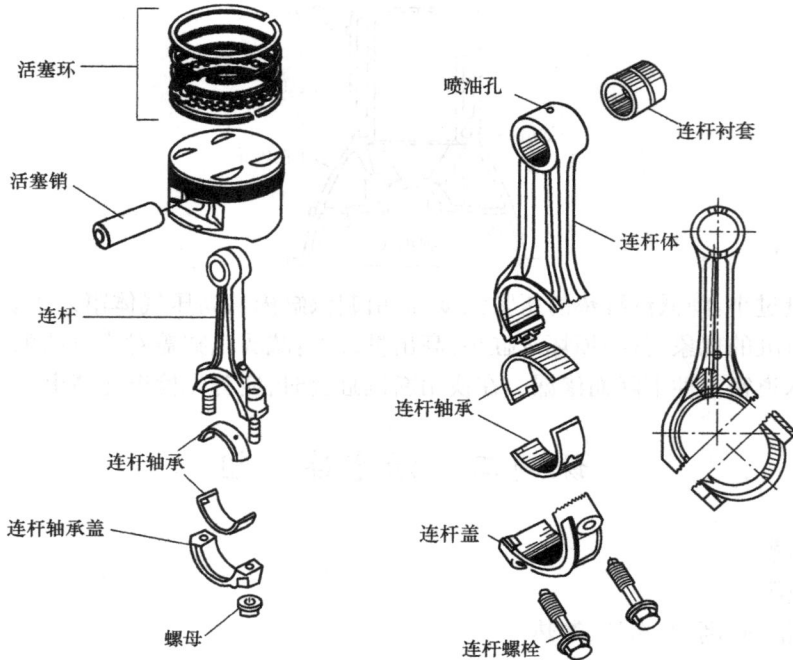

活塞环　活塞销　连杆　连杆轴承　平　斜

课题三　曲轴飞轮组

一、填空题

1. 整体、组合、全支承、非全支承

2. 轴颈的磨损、断裂

3. 配气正时、点火正时

4. 活塞连杆组和气缸、裂纹、断裂

5. 冷压校正、表面敲击

6. 报废曲轴

7. 沉重而粗闷、很大

8. 磁力探伤、锤击法、粉渍法

9. 径向、轴向

10. 推力轴承、推力垫片

11. 橡胶扭转、硅油、硅油 – 橡胶

12. 三、四

二、选择题(请将正确答案的序号填写在括号中)

1. C　2. A　3. C　4. A　5. B　6. B　7. C　8. A　9. B　10. B　11. A

三、判断题(对下列说法,正确的在后面的括号中划"√",错误的划"×")

1. √　2. ×　3. √　4. ×　5. √　6. √　7. ×　8. ×　9. ×　10. √　11. √　12. ×
13. √

四、简答题

1.(1)主轴颈和连杆轴颈在径向的最大磨损部位发生在它们相互靠近的一侧。

(2)连杆轴颈沿轴向呈锥形磨损。

(3)连杆轴颈的磨损大于主轴颈。

(4)各道主轴颈在径向的最大磨损部位不一致。

2.(1)大致测量一下曲轴轴颈的尺寸,根据测量的尺寸决定选配哪一级别和多大尺寸的
轴瓦。

(2)将轴瓦先压装在轴瓦座上,并按规定的力矩扭紧紧固螺栓,再测量轴瓦内径尺寸。

(3)根据测量的内径尺寸,计算出曲轴轴颈的磨削量(如果不需要磨削时,更换合适的
轴瓦就可)。

3. 检查时,若发现减振器的壳与惯性盘之间的橡胶层脱层,出现相对转动,两者的装配
记号(刻线)相错,说明扭转减振器已丧失了工作能力,应予更换。

五、看图答题

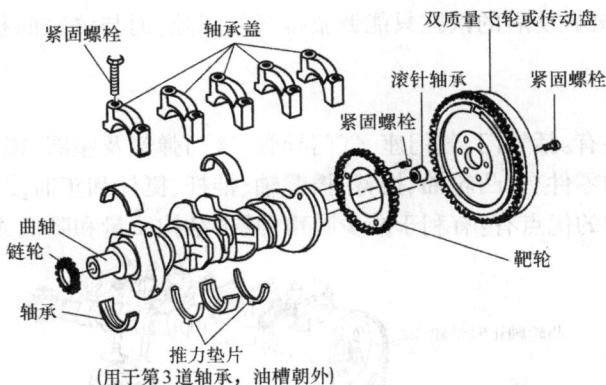

紧固螺栓　轴承盖　滚针轴承　紧固螺栓　双质量飞轮或传动盘

曲轴
链轮

轴承

推力垫片
(用于第3道轴承,油槽朝外)

靶轮

阶段考核试题(单元三)

题解(略)

单元四　配气机构

课题一　配气机构的结构与配气相位

一、填空题

1. 顶、侧

2. 下、中、上

3. 二、多

4. 齿轮、链条、齿形皮带

5. 气门、气门传动

6. 气门

7. 配气相位

8. 气门叠开

二、选择题（请将正确答案的序号填写在括号中）

1. A 2. B 3. C 4. A 5. C 6. A

三、判断题（对下列说法,正确的在后面的括号中划"√",错误的划"×"）

1. × 2. √ 3. √ 4. × 5. × 6. × 7. √ 8. √ 9. √

四、简答题

1. 按照发动机的工作循环和点火次序的要求,定时开启和关闭各缸进、排气门,使新鲜可燃混合气(汽油机)或空气(柴油机)及时进入汽缸,并将燃烧后的废气从汽缸排出。

2. 两次调整法即分两次可调整完所有汽缸的气门间隙。

两次调整法的判断方法:"先进后排,对置不调"。即按发动机的工作顺序来判断,当某一缸处在压缩上止点时,该缸的进、排气门间隙都可以调整;在该缸做功前的汽缸只能调整进气门间隙,而在该缸做功后的汽缸只能调整排气门间隙;而与该缸曲拐相对应的汽缸则不可以调整气门间隙。

五、看图答题

1. 气门组的零件有:括气门、气门座、气门导管、气门弹簧及座圈、锁片(锁销)、油封等。

气门传动组的零件有:凸轮轴、摇臂、摇臂轴、推杆、挺柱和正时皮带轮(正时齿轮)等。

2. 正时皮带传动的优点有:有利于减少噪声、减少结构质量和降低成本,不需润滑。

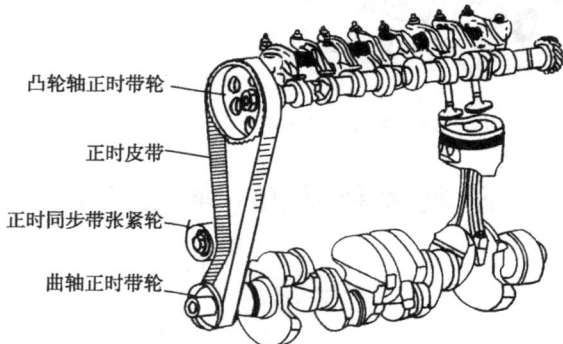

凸轮轴正时带轮
正时皮带
正时同步带张紧轮
曲轴正时带轮

课题二 配气机构主要零件的构造与检修

一、填空题

1. 平、凸、凹、大

2. 锁片、锁销

3. 凸轮、轴颈

4. 全支承、非全支承

5. 弯曲、磨损

6. 变螺距圆柱、双

7. 正时、升程

8. 渗油、划线、拍打、仪器检验

9. 推杆、气门

10. 筒形、滚轮式

二、**选择题**(请将正确答案的序号填写在括号中)

1. C 2. A 3. B 4. C 5. C 6. B 7. A

三、**判断题**(对下列说法,正确的在后面的括号中划"√",错误的划"×")

1. √ 2. × 3. × 4. √ 5. × 6. × 7. × 8. √ 9. × 10. √

四、**简答题**

1. 用来控制气门的开启时间和气门打开的深度,以实现根据不同工况,提供发动机相应的进气量,从而提高汽车的动力性和经济性。

2. 严禁将充钠排气门直接作为废品扔掉。一般用铁锯在排气门的中部锯开一缺口后(期间气门不能与水接触),放入充满水的桶中使金属钠与水发生化学反应燃烧后,方能作为普通废品处理。

3. 在气门升程一定的情况下,减小气门锥角,增大了气流通道断面,减小了进气阻力,但锥角减小会引起气门头部边缘厚度变薄,致使气门的导热性变差,强度下降,一般进气门锥角为30°,排气门锥角为45°。

4. 气门常见的损伤有:气门工作锥面磨损起槽、变宽、烧蚀氧化出现斑点、轻微裂纹、凹陷;气门杆弯曲和磨损;气门杆端面磨损以及与气门导管配合松旷等。

五、**看图答题**

摇臂组件主要有摇臂、摇臂轴、支承座、气门间隙调整螺钉等零件组成。

阶段考核试题(单元四)

题解(略)

单元五　电控汽油发动机燃料供给系统

课题一　发动机的可燃混合气及正常燃烧

一、填空题

1. 可燃混合气

2. 空燃比、过量空气系数

3. 经济、功率

4. 着火延迟、火焰传播、补燃

二、选择题（请将正确答案的序号填写在括号中）

1. B 2. B 3. A

三、判断题（对下列说法,正确的在后面的括号中划"√",错误的划"×"）

1. × 2. × 3. √ 4. ×

四、简答题

过浓混合气,会使发动机功率下降,燃油消耗显著增加排气管冒黑烟、放炮、排气污染严重。

过稀混合气,会使发动机功率显著下降,燃油消耗显著增,进气管易回火、加速性能变坏。

课题二 电控汽油机燃料供给系统的组成及工作原理

一、填空题

1. 燃油供给、空气供给、排气

2. 传感器、执行器

3. 停止、HC、CO

4. 缸内、进气管、单、多

5. 直接、间接、开、闭

6. 同时、分组、顺序

二、选择题（请将正确答案的序号填写在括号中）

1. C 2. A 3. C

三、判断题（对下列说法,正确的在后面的括号中划"√",错误的划"×"）

1. √ 2. √ 3. √ 4. √ 5. ×

四、简答题

1. 具有燃油喷射控制、点火控制、怠速控制、排放控制、进气控制、故障自诊断控制等功能。

2. ①减速断油控制;②限速断油;③清除溢油控制;④减扭断油控制。

课题三 燃油供给系统

一、填空题

1. 保持一定残压

2. 悬挂、油箱底

3. 就车、超声波

4. 起动、加速

5. 就车手摸判断、万用表测阻、断缸判断

6. 磁脉冲、光电、霍尔

7. 节气门的开度、节气门轴

8. 汽缸内

9. 分层、均质

二、选择题(请将正确答案的序号填写在括号中)

1. A   2. C   3. B   4. C   5. C   6. A   7. A   8. C   9. A   10. B   11. B   12. A

三、判断题(对下列说法,正确的在后面的括号中划"√",错误的划"×")

1. √   2. √   3. √   4. ×   5. ×   6. ×   7. √   8. √   9. √   10. ×   11. √   12. √
13. √   14. √   15. √   16. ×   17. ×

四、简答题

1. (1)先用一根导线将检测插座内电动汽油泵的两个检测插孔短接,并接通点火开关,但不要起动发动机。

(2)卸下油箱盖,仔细静听汽油泵运转的响声。若有,为正常;若无,可用手捏住进油软管试有无供油压力,若无则作下一步检查。

(3)检查汽油泵电源保险丝是否熔断,继电器有否损坏,控制电路是否断路。如果没有上述故障,应检修或更换电动汽油泵。

2. 有:喷油器针阀结胶、由喷油器裂纹引起漏油、喷油器接线柱有污垢、喷油器线路故障、喷油器油路故障等。

3. (1)起动发动机,并在发动机运转中取下电动汽油泵继电器或拔下电动汽油泵电源插头。

(2)发动机熄火后,接通起动机开关,起动发动机运转 2～3 次,将燃油压力全部释放完。

(3)断开点火开关,装回电动汽油泵继电器或电动汽油泵电源插头。

4. 采用了立式吸气口、弯曲顶面活塞、高压旋转喷油器等技术来保证混合气的质量。

五、看图答题

1. 燃油供给装置由电动汽油泵、燃油滤清器、燃油压力调节器、喷油器等组成,有的还设置有脉动阻尼减振器、冷起动喷油器等辅助部件。

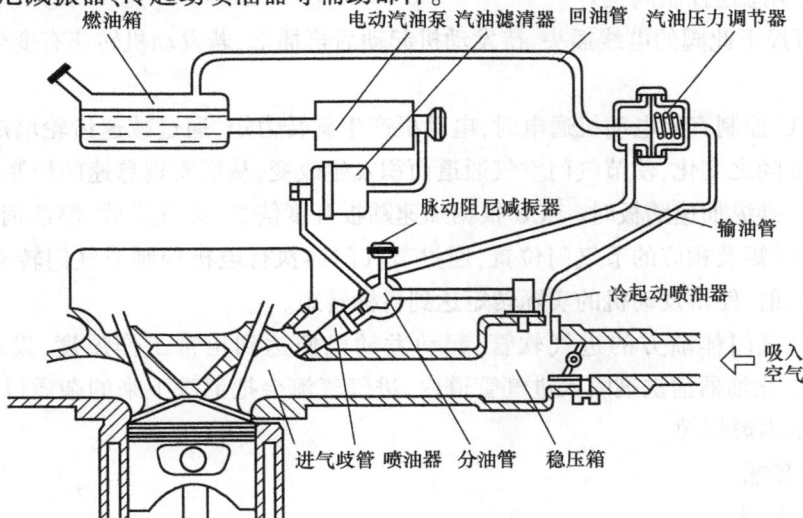

2.通、通、闭合、通、断、通

课题四　空气供给及相关系统

一、填空题

1.空气滤清器、节气门体、节气门位置传感器

2.壳体、滤芯

3.热线、热膜、卡门涡旋

4.白金热线、冷线

5.反光镜、超声波

6.压电效应、电容、膜盒

7.旁通气道、调节螺钉

8.旁通空气、节气门直动

9.加速踏板、节气门控制部件

二、选择题（请将正确答案的序号填写在括号中）

1.A　2.C　3.B　4.A　5.A　6.B　7.B　8.B　9.B

三、判断题（对下列说法,正确的在后面的括号中划"√",错误的划"×"）

1.√　2.√　3.×　4.√　5.×　6.√　7.×　8.×　9.√　10.√

四、简答题

1.根据发动机的工作状态提供适量的空气量,同时向 ECU 传递此信息,并根据 ECU 的指令完成空气量的调节。

2.(1)起动发动机,并以怠速运转。

(2)使发动机熄火,如在熄火后的一瞬间,检查怠速控制阀有无发出"嗡嗡"的工作声音。如有,说明怠速控制阀良好。

(3)也可拔下此阀的电线插头,待发动机起动后再插上,若发动机转速有变化,说明阀工作正常。

3.当 ECU 控制直流电动机通电时,电动机产生旋转力矩,通过减速齿轮增矩减速,使节气门最小开度随之变化,使节气门空气通道面积发生改变,从而实现怠速的控制。

4.驾驶员操纵加速踏板时,ECU 根据加速踏板开度信息、废气排放、燃油消耗以及安全等因素,确定转矩及相应的节气门位置,通过节气门体执行电机控制节气门转动的角度,并控制点火和喷射,使得发动机的实际转矩达到目标转矩。

5.拆下节气门体前方的进气软管,起动发动机使达到正常工作温度,发动机转速约2000r/ min,把化油器清洗剂喷入进气管道内,进气气流会把清洗下来的杂质以及多余的清洗剂带入汽缸内燃烧掉。

五、看图答题

接合、接合、半

课题五　排气系统及排放的控制

一、填空题

1. 排气歧管、排气管

2. 温度、压力

3. 三元催化反应器、氧传感器

4. 排气中铅化物

5. 二氧化锆、二氧化钛、宽带

6. 新鲜空气、HC、CO

7. 废气再循环、废气调整

8. 油箱

9. 真空、ECU

二、选择题（请将正确答案的序号填写在括号中）

1. A　2. A　3. B　4. C　5. A　6. B　7. A　8. B　9. B

三、判断题（对下列说法,正确的在后面的括号中划"√",错误的划"×"）

1. √　2. √　3. √　4. √　5. ×　6. ×　7. ×

四、简答题

1. 为了减少废气的有害成分排放量常采取:三元催化转化、汽油蒸汽回收、废气再循环、二次空气喷射等技术。

2. 活性炭罐用于临时储存汽油蒸汽。当清污阀打开时,在进气歧管真空吸力的作用下,汽油蒸汽经炭罐中的活性炭后再从炭罐的出口进入发动机进气歧管,把吸附在活性炭上的汽油分子送入发动机燃烧。

课题六　电子控制系统

一、填空题

1. 输入回路、输出回路

2. 故障信息资料

3. 高、LED 灯

4. 专用、通用

二、选择题（请将正确答案的序号填写在括号中）

1. C　2. B　3. B　4. B　5. A

三、判断题（对下列说法,正确的在后面的括号中划"√",错误的划"×"）

1. ×　2. ×　3. √　4. ×　5. ×　6. √　7. √　8. √　9. √

四、简答题

1. 汽车正常运行时,ECU 的输入、输出信号的电平都是在规定范围内变化,当接收到某一电路的信号超出规定范围,或输入信号在一段时间内不发生变化,或输入信号不连续,或在一段时间内收不到某一传感器信号时,ECU 就认为该电路出现故障,并设定一故障代码。

2.检测仪可通过自诊断座在一定协议支持下与汽车电脑进行互相通讯交流各种信息,从而获取电脑工作的重要参数。

课题七　汽车巡航系统(CCS)

一、填空题

1.巡航控制开关、巡航控制 ECU

2.驻车制动、制动灯、离合器

3.发动机、自动变速器、巡航

4.真空、电动机

二、选择题(请将正确答案的序号填写在括号中)

1. A　2. A

三、判断题(对下列说法,正确的在后面的括号中划"√",错误的划"×")

1. √　2. ×

四、简答题

巡航控制 ECU 有:匀速控制功能、设定功能、滑行功能、加速功能、恢复功能、车速下限控制功能、车速上限控制功能、手动取消功能、自动取消功能、自动变速器控制功能、电磁离合器控制功能、快速降速功能、快速升速功能、自诊断功能等。

阶段考核试题(单元五)

题解(略)

单元六　柴油机燃料供给系统

课题一　柴油机燃料供给系统的结构与燃烧室

一、填空题

1.输油泵、喷油泵

2.统一、分隔

3.统一

二、选择题(请将正确答案的序号填写在括号中)

1. B　2. B

三、判断题(对下列说法,正确的在后面的括号中划"√",错误的划"×")

1. √　2. √　3. ×　4. ×

四、简答题

柴油机在进气行程中进入气缸的是纯空气,在压缩行程接近终了时,将柴油喷入汽缸,混合气随即在燃烧室内形成,在高温、高压条件下,柴油自行着火燃烧,故混合气形成时间极短,而且存在喷油、蒸发、混合和燃烧重叠进行的过程。

五、看图答题

柴油箱到喷油泵入口处这一段油路称为低压油路。从喷油泵到喷油器这一段油路称为高压油路。

课题二 柴油机燃料供给系统的主要零部件

一、填空题

1. 孔、轴针、孔、轴针

2. 高压、时、量

3. 柱塞、出油阀

4. 有效、斜槽、油孔

5. 零、不泵油

6. 供油量、一致

7. 供油提前角

8. 供油提前角

9. 予以报废

10. 予以更换

11. 调整螺钉

12. 负荷、供油量

13. 两极、全程、单速

14. 最低、最高

15. 刚性十字胶木盘、挠性钢片

16. 静态、动态自动

17. 足够数量、一定压力

18. VE 泵室

19. 进入泵室内

20. 转速、负荷

21. 负荷、供油时刻

22. 电磁、机械

23. 溢流环

24. 压力—时间

25. 进油、升压、喷射

26. 时间、进油压力

27. 最大喷油量

28．提高、降低、降低

29．定压、脉冲

30．单、双

31．二、一个

32．离心式压气机、径流式涡轮机、中间体

33．发动机的主油道

二、选择题（请将正确答案的序号填写在括号中）

1．C 2．A 3．B 4．B 5．B 6．B 7．B 8．A 9．A 10．A 11．B 12．A C 13．A
14．B 15．A 16．C 17．B 18．A 19．A 20．B 21．B 22．B 23．A

三、判断题（对下列说法，正确的在后面的括号中划"√"，错误的划"×"）

1．× 2．√ 3．× 4．√ 5．√ 6．√ 7．× 8．√ 9．× 10．√ 11．× 12．√
13．√ 14．√ 15．× 16．√ 17．× 18．× 19．√ 20．× 21．√ 22．√ 23．×
24．× 25．√

四、简答题

1．喷油器应具有一定的喷射压力和射程，合理的锥角。在规定的停止喷油时刻应能迅速地切断燃油的供给，不发生滴漏现象。

2．(1)保证定时。严格按照规定的供油时刻开始供油，并保证一定的供油持续时间。

(2)保证定量。根据柴油机负荷的大小供给相应的油量。

(3)保证压力。向喷油器供给的柴油应具有足够的压力，以获得良好的喷雾质量。

(4)对于多缸柴油机，要求各缸的相对供油时刻、供油量和供油压力等相同。

(5)供油开始和结束要求迅速干脆，喷油器不滴漏。

3．用手堵住阀座下端的油孔，将出油阀轻轻放入阀座中。当减压环带刚进入阀座时，出油阀应自行停止下落；用手指将其压到底后立即松手，出油阀应能迅速弹回。否则，表明出油阀偶件磨损，换用新件。

4．柴油机曲轴上供油提前角位置刻线对准机体上的标记，使第一缸在压缩上止点附近，观察喷油泵的供油提前器壳体上的刻线与喷油泵泵体上刻线是否对齐。如果对齐，则说明供油提前角正确；如不齐，则通过联轴器来进行调整。

5．先将柴油滤清器和喷油泵的放气螺钉拧开，再将手油泵的手柄旋开，往复抽按手油泵的活塞，将其中的空气驱除干净，拧紧放气螺钉，旋回手油泵手柄。

6．(1)关闭发动机时，应先怠速运转一会(3～5min)后再熄火。

(2)决不要在发动机运转时，对涡轮增压器进行作业。

(3)在对涡轮增压器作业时，记住部件可能很烫，碰到它们可能造成严重的伤害。

(4)当心不要被涡轮增压器部件尖锐的边缘切到手。

(5)作业时必须戴上专用的防护镜。

(6)不能一着车就走。应让其怠速运转一段时间，以便在增压器转子高速运转之前让润滑油充分润滑轴承。

(7)保持清洁。拆卸增压器时，要保持清洁，各管接头一定要用清洁的布堵塞好，防止杂物掉进增压器内，损坏转子。

(8)润滑油管路在运行一段时间后要进行清洗。润滑油管路因受高温作用，内部机油容

易有部分的结焦,会造成增压器轴承的润滑不足而损坏。

(9)经常注意检查增压器的运转情况。在出车前、收车后,应检查气道各管的连接情况,防止松动、脱落而造成增压器失效和空气短路进入汽缸。

五、看图答题

1.将清洗后的柱塞和柱塞套在洁净的柴油中浸没后取出,将柱塞装入柱塞套并往返在套中抽动数次。然后用手指拿住柱塞套,保持与水平线成60°左右角度,将柱塞转到任何角度,轻轻抽出约1/3后松开手,柱塞都能够均匀且慢慢而不间断下滑,并落在柱塞套的支承面上,说明柱塞偶件配合良好。否则应予更换。

2.一手握住柱塞套,用手指堵住柱塞套的进油口、回油孔及导向孔,另一只手将柱塞放在中等或最大供油位置后由最下往上拉(以柱塞上沿不露出柱塞套油孔为限),若感觉到有明显吸力,并且在放开柱塞时,柱塞能迅速地回到原来的位置,则柱塞与柱塞套密封良好,可继续使用。

3.低压系统包括:滑片式输油泵、压力调节阀、回油螺钉等。

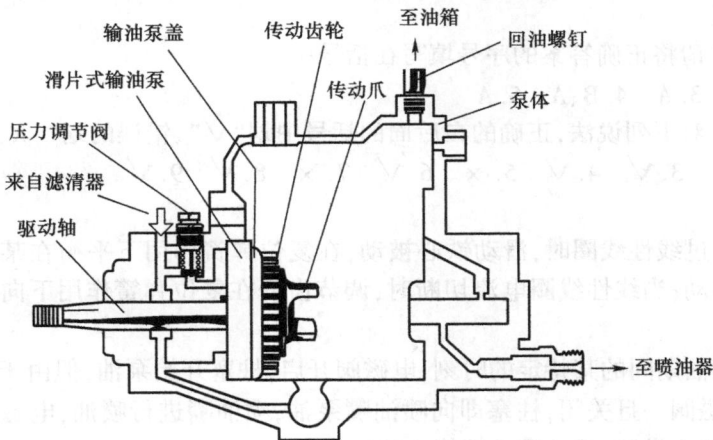

单元七　柴油机电控燃油喷射系统(ECD)

一、填空题

1.加速踏板位置、泵角、溢流环位置、正时活塞位置、着火

2.位置、时间

3.直列泵、分配泵、喷油泵—喷油器、共轨

4.直列柱塞、分配

5.调节杆

6.发动机驱动轴、喷油泵凸轮轴

7.高速电磁阀

8.燃烧光、点火的时刻、喷油提前角

9. 凸轮、液压

10. 机油油路、柴油油路

11. 共轨中的油压、喷油器中

12. 喷油量、喷油正时

13. 高压、共轨

14. 发动机、燃油

15. 共轨中的

16. 持续喷油

17. 调整、保持

18. 供油泵、共轨

19. 通电和断电

20. 开始泵油时刻、停止泵油时刻

21. 预行程大小、柱塞上螺旋凹槽

22. 低、快速

二、选择题（请将正确答案的序号填写在括号中）

1. B　2. A　3. A　4. B、A　5. A

三、判断题（对下列说法，正确的在后面的括号中划"√"，错误的划"×"）

1. √　2. ×　3. √　4. √　5. ×　6. √　7. ×　8. √　9. √

四、简答题

1. 当电流流过线性线圈时，滑动铁心被动，在复位弹簧作用下平衡在某个位置，调节齿杆向增油方向移动；当线性线圈电流切断时，调节齿杆在复位弹簧作用下向减油方向移动，供油量减少。

2. 在凸轮压油期间的某特定的时刻，电磁阀开启，柱塞开始泵油，但由于旁通阀导通，不能建立高压；电磁阀一旦关闭，柱塞即向喷油嘴泵油，喷油嘴进行喷油；电磁阀再次打开，高压油立即卸压，停止供油，喷油嘴迅即停止喷油。

阶段考核试题（单元六、单元七）

题解（略）

单元八　发动机润滑系

一、填空题

1. 冷却、密封、清洁

2. 压力、飞溅

3. 齿轮、转子

4. 凸轮轴、曲轴通过链条

5. 稳定在规定的范围

6. 啮合齿

7. 减小、降低

8. 浮、固定

9. 过滤、离心、离心

10. 风、液、风

11. 强制、自然

12. 机油油道、机油冷却器、机油滤清器

13. 基础油、添加剂

14. 黏度、质量

15. 液位、压力

二、选择题(请将正确答案的序号填写在括号中)

1. A　2. B　3. A　4. B　5. B　6. A、B　7. C　8. A　9. B　10. C

三、判断题(对下列说法,正确的在后面的括号中划"√",错误的划"×")

1. ×　2. ×　3. √　4. ×　5. √　6. √　7. √　8. √　9. ×　10. √　11. √

四、简答题

1. 当发动机熄火后由于惯性作用仍应有轻微的嗡嗡转动声,否则,应予检修。

2. 油面太低:影响润滑效果,甚至引起烧瓦、抱轴等机械事故。

油面过高:将造成发动机运转阻力增加,机油激溅加剧,引起发动机烧机油、燃烧室积炭、损坏三元催化装置等严重后果。

3. 机油液面应定期进行检查:汽车停于水平路面上,发动机熄火后数分钟,让机油全部流回油底壳。然后拉出机油尺,用干净的布揩净,重新插入,再拉出机油尺,液面应在规定的高度。

4. (1)曲轴上的油道,用细铁丝缠上干净的布条再蘸上干净的煤油捅洗,然后用压缩空气吹净。

(2)用圆毛刷蘸煤油插进主油道来回拉动,并用细铁丝缠上布条,疏通曲轴箱隔板上的小油道。正时齿轮喷油管用煤油清洗,再用压缩空气吹干净。

(3)主油道上有限压阀装置的,应拆下清理干净。

(4)凸轮轴、摇臂及摇臂轴的润滑油通道,必须清洁畅通。

(5)连杆轴承油孔和活塞销衬套油孔用煤油清洗,再用压缩空气吹干净。

5. (1)根据汽车发动机的强化程度选用合适的机油使用等级;

(2)根据地区的季节气温选用适当黏度等级的机油。

单元九　发动机冷却系

一、填空题

1. 液、风、80～105

2. 单列、双列、三列

3. 下、横

4. 管片、管带、板

5. 降低、提高

6. 水、机油、空气

7. 加压、强制

8. 直径、转速、叶片形状

9. 硅油、电磁、电动电控装置

10. 有、无

11. 自动地、流量

12. 单、双

13. 抑沸、阻垢、防腐

二、**选择题**(请将正确答案的序号填写在括号中)

1. A　2. B　3. A　4. C　5. C　6. C　7. C　8. A　9. B　10. B　11. A

三、**判断题**(对下列说法,正确的在后面的括号中划"√",错误的划"×")

1. ×　2. ×　3. √　4. √　5. √　6. ×　7. √　8. √　9. √　10. ×　11. ×　12. √

13. √　14. √

四、**简答题**

1. 左右旋转,前后拉动,检查泵轴承以及与承孔的间隙,泵轴应无阻滞现象,叶轮与泵壳体应无碰击声响,如松动过甚或有碰击现象,应予修整或更换;检查泵密封圈、泄水孔处是否有冷却液泄漏的痕迹。

2. 旋松圆柱头内六角螺钉,将锁止板端部的指销插入主动轴的孔中,再拧紧圆柱头内六角螺钉,使风扇离合器的壳体、风扇与主动轴连成一个整体。

3. 发动机低温时,熄火后,用手扳动风扇,风扇可转动;当冷却液温达到80℃时,熄火后,用手扳动风扇,若扳不动,说明硅油风扇离合器工作正常。

4. 一旦把节温器拆除,发动机将在"过热"(小循环不常开的发动机)或"过冷"的状态下工作。

阶段考核试题(单元八、单元九)

题解(略)

单元十　新能源汽车技术介绍

课题一　概　　述

一、**填空题**

1. 新能源

2. 纯电动汽车、混合动力电动汽车、燃料电池电动汽车、太阳能电池电动汽车

3.排放几乎为零、能量转换效率高、氢燃料来源广泛

4.油耗低排放少、保护电池、优越的行驶性能

二、选择题(请将正确答案的序号填写在括号中)

1.C 2.A 3.D

三、判断题(对下列说法,正确的在后面的括号中划"√",错误的划"×")

1.√ 2.× 3.√ 4.×

四、简答题

纯电动汽车是指由电动机驱动的汽车。

纯电动汽车的优点有:

(1)无污染、噪声小。

(2)结构简单、维修方便。

(3)能量转换效率高。

(4)削峰填谷。

课题二 纯电动汽车

一、填空题

1.电力驱动控制系统

2.电子驱动与传动系统、辅助控制系统

3.动力电池

二、选择题(请将正确答案的序号填写在括号中)

1.D 2.A 3.C

三、判断题(对下列说法,正确的在后面的括号中划"√",错误的划"×")

1.√ 2.× 3.√

四、简答题

纯电动汽车由电子驱动与传动系统、主能源系统和辅助控制系统组成

(1)电子驱动与传动系统主要包括电控单元、功率转换器、电动机、机械传动装置和驱动车轮等。

(2)主能源系统主要包括动力电池、能量管理系统和充电器等。

(3)辅助控制系统主要包括辅助动力源、动力转向系统、驾驶室显示操纵台和各种辅助装置等。辅助系统除辅助动力源外,依据不同车型而不同。

五、看图答题

根据制动踏板和加速踏板输入的信号,由电控单元发出相应的控制指令来控制功率转换器的功率装置的通断,功率转换器调节电动机和电源之间的功率流,驱动电机运转,通过机械传动装置带动左右前轮转动,使汽车行驶;当电动汽车制动时,再生制动的动能被电源吸收,此时功率流的方向与前面的相反。

能量管理系统和电控单元一起控制再生制动及其能量的回收,能量管理系统和充电器一同控制充电并监测电源的使用情况。

辅助控制系统经过 DC – DC 电能变换器将高压 DC→低压 DC,它主要给动力转向、空调、制动及其他辅助装置提供动力。除了从制动踏板和加速踏板给电动汽车输入信号外,转向盘输入也是一个很重要的输入信号,动力转向系统根据转向盘的角度位置来决定汽车灵活的转向。

同时,控制系统通过各种传感器、电流检测器对动力电池组、电动机进行监控并及时反馈信息和报警,并通过电流表、电压表、电功率表、转速表和温度表等仪表进行显示。

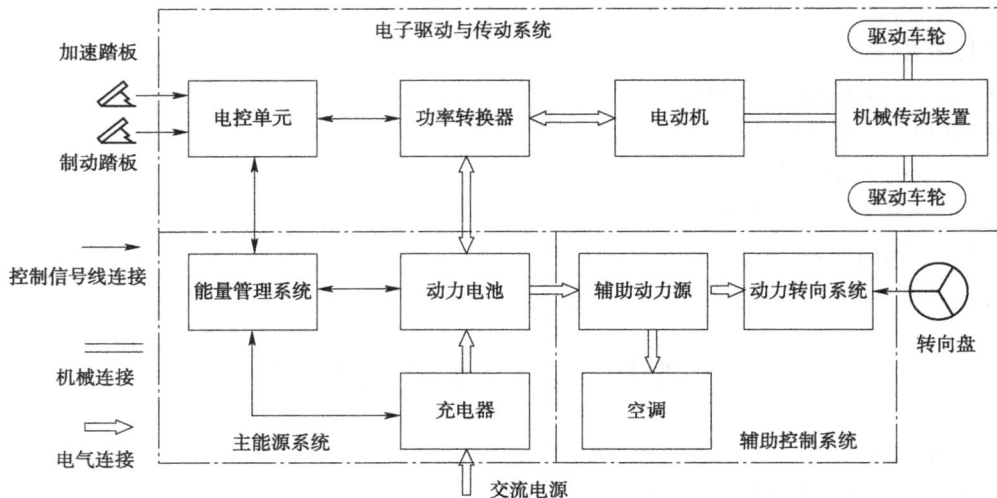

课题三　混合动力汽车

一、填空题

1. 串联式、并联式、混联式

2. 并联式

3. MG1 为蓄电池充电

二、选择题(请将正确答案的序号填写在括号中)

1. A　2. D　3. D　4. B

三、判断题(对下列说法,正确的在后面的括号中划"√",错误的划" × ")

1. ×　2. √　3. √　4. ×

四、简答题

(1)串联式混合动力汽车

优点:续航里程较长。缺点:多个能量转化造成功率浪费。

(2)并联式混合动力汽车

优点:是结构简单成本较低。缺点:发动机效率无法充分利用。

(3)混联式混合动力汽车

优点:效率高,节能效果理想。缺点:结构复杂,成本较高。

五、看图答题

发动机微加速时,发动机的动力由行星齿轮分配。其中一部分动力直接输出,剩余动力用于 MG1 发电,通过变频器输送电力到 MG2 用作于输出动力,如图所示。行星排中,支架(发动机)、环齿轮(MG2)均为主动,太阳轮(MG1)从动。

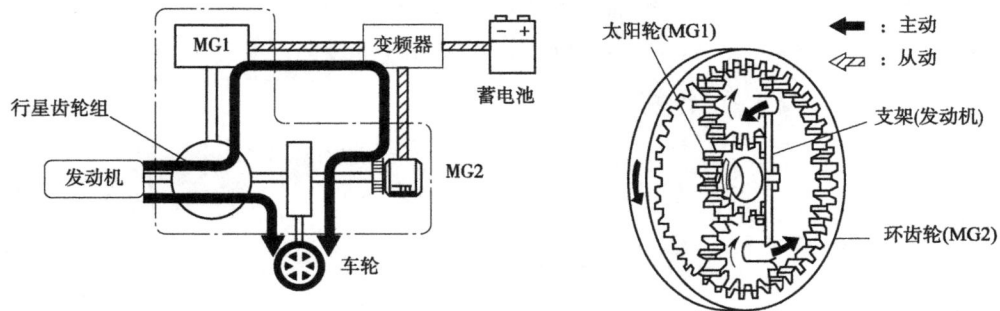

阶段考核试题(单元十)

题解(略)

人民交通出版社汽车类技工教材部分书目

一、全国交通技工院校汽车运输类专业规划教材（第五轮）

书　号	书　名	作　者	定　价	出版时间	课件
978-7-114-10637-8	汽车文化	杨雪茹	35.00	2016.08	有
978-7-114-10648-4	钳工工艺	李永吉	17.00	2014.08	有
978-7-114-10459-6	汽车机械基础	刘根平	22.00	2016.07	有
978-7-114-10458-9	汽车发动机结构与拆装	程　晟	27.00	2015.06	有
978-7-114-10456-5	汽车底盘结构与拆装	王　健	39.00	2015.06	有
978-7-114-10686-6	汽车电器结构与拆装	许云珍	30.00	2016.05	有
978-7-114-10604-0	汽车使用与日常维护	李春生	25.00	2016.02	有
978-7-114-10527-2	汽车发动机检修	王忠良	39.00	2015.06	有
978-7-114-10573-9	汽车变速器与驱动桥检修	戴良鸿	28.00	2016.05	有
978-7-114-10454-1	汽车转向、悬架和制动系统检修	樊海林	24.00	2015.05	有
978-7-114-10627-9	汽车实用英语	杨意品	17.00	2013.07	有
978-7-114-10518-0	汽车服务企业管理	应建明	19.00	2016.07	有
978-7-114-10536-4	汽车结构与拆装	邢春霞	40.00	2015.07	有
978-7-114-10457-2	汽车钣金基础	姚秀驰	32.00	2013.05	有
978-7-114-10444-2	汽车车身碰撞估损	石　琳	23.00	2017.07	有
978-7-114-10612-5	汽车美容	彭本忠	20.00	2015.06	有
978-7-114-10758-0	汽车装饰与改装	梁　登	32.00	2013.08	有
978-7-114-10580-7	汽车营销	郑超文	25.00	2016.05	有
978-7-114-10477-0	汽车配件管理	卫云贵	25.00	2015.02	有
978-7-114-10597-5	汽车营销法规	邵伟军	23.00	2013.06	有
978-7-114-10528-9	汽车保险与理赔	刘冬梅	22.00	2016.05	有
978-7-114-10999-7	汽车电器与空调系统检修	潘承炜	45.00	2015.05	有
978-7-114-11135-8	汽车车身涂装	曾志安	32.00	2014.03	有
978-7-114-10881-5	汽车营销礼仪	吴晓斌	30.00	2015.08	有

二、全国中等职业技术学校汽车类专业通用教材

书　号	书　名	作　者	定　价	出版时间	课件
978-7-114-13417-3	汽车发动机构造与维修（第二版）	吕秋霞	43.00	2016.12	有
即将出版	汽车发动机构造与维修习题集及习题集解（第二版）	吕秋霞			
978-7-114-13016-8	汽车底盘构造与维修（第二版）	徐华东	32.00	2016.07	有
978-7-114-13479-1	汽车底盘构造与维修习题集及习题集解	徐华东	21.00	2016.12	
978-7-114-13007-6	汽车电气设备构造与维修（第二版）	张茂国	42.00	2016.07	有
978-7-114-13521-7	汽车电气设备构造与维修习题集及习题集解	张茂国	23.00	2016.12	
978-7-114-13227-8	机械识图（第二版）	冯建平	25.00	2016.12	
978-7-114-13350-3	机械识图习题集及习题集解（第二版）	冯建平	25.00	2016.11	
978-7-114-12997-1	电工与电子技术基础（第二版）	窦敬仁	34.00	2016.07	有
978-7-114-12891-2	汽车专业英语（第二版）	王　蕾	15.00	2016.05	有
978-7-114-13014-4	汽车故障诊断与检测技术（第二版）	王　囤	36.00	2016.07	有
978-7-114-13169-1	汽车维修基础（第二版）	毛兴中	24.00	2016.08	有
978-7-114-13136-3	汽车运用基础（第二版）	冯宝山	29.00	2016.07	有

书　号	书　名	作　者	定　价	出版时间	课件
978-7-114-13200-1	汽车电路识图（第二版）	田小农	21.00	2016.09	有
978-7-114-13162-2	钳工与焊接工艺（第二版）	宋庆阳	22.00	2016.07	有
978-7-114-13296-4	汽车维修企业管理（第二版）	杨建良	19.00	2016.09	有
978-7-114-11750-3	汽车安全驾驶技术（第二版）	范　立	39.00	2016.05	有
即将出版	汽车故障诊断与综合检测（第二版）	杨永先			有
即将出版	发动机与汽车理论（第二版）	徐华东			有
即将出版	汽车维修案例分析（第二版）	王　征			有
即将出版	汽车维修标准与规范（第二版）	杨承明			有
即将出版	汽车服务工程（第二版）	王旭荣			有
即将出版	公差配合与技术测量（第二版）	刘　涛			有
即将出版	新能源汽车概论	樊海林			有
即将出版	汽车单片机及车载网络系统（第二版）	林为群			有
即将出版	专业技术论文与科研报告撰写（第二版）	裘玉平			有

三、国家示范性中职院校工学结合一体化课程改革教材

书　号	书　名	作　者	定　价	出版时间	课件
978-7-114-11778-7	汽车电学基础	梁　勇、唐李珍	18.00	2016.05	有
978-7-114-11757-2	汽车检测与维修技术（初级学习领域一）	赵晚春、李爱萍	28.00	2016.05	有
978-7-114-11766-4	汽车检测与维修技术（初级学习领域二）	刘小强、黄　磊	21.00	2016.02	有
978-7-114-11779-4	汽车检测与维修技术（中级学习领域一）	梁　华、何弘亮	28.00	2015.01	有
978-7-114-11820-3	汽车检测与维修技术（中级学习领域二）	莫春华、雷　冰	32.00	2015.01	有
978-7-114-11933-0	汽车检测与维修技术（高级学习领域一）	潘利丹、李宣箱	23.00	2015.03	有
978-7-114-11944-6	汽车检测与维修技术（高级学习领域二）	张东山、韦　坚	34.00	2015.03	有
978-7-114-11880-7	汽车车身修复基础	冯培林、韦军新	42.00	2016.05	有
978-7-114-11844-9	汽车车身修复技术	冯培林、韦军新	39.00	2015.03	有
978-7-114-11885-2	汽车商务口语	郑超文、林柳波	23.00	2016.05	有
978-7-114-11973-6	二手车销售实务	陆向华	26.00	2015.04	有
978-7-114-12087-9	运输实务管理	谢毅松	22.00	2015.05	有
978-7-114-12098-5	仓储与配送	谢毅松、罗　莎	24.00	2015.05	有

四、全国交通中等职业技术学校通用教材（第四轮）

书　号	书　名	作　者	定　价	出版时间	课件
978-7-114-05244-6	汽车发动机构造与维修	张弟宁	45.00	2014.07	
978-7-114-05184-5	汽车底盘构造与维修	崔振民	32.00	2015.06	
978-7-114-05188-3	汽车电气设备构造与维修	张茂国	36.00	2015.04	
978-7-114-05176-0	汽车故障诊断与检测技术	杨海泉	30.00	2016.02	
978-7-114-05207-1	汽车运用基础	冯宝山	18.00	2015.07	
978-7-114-05243-9	汽车维修基础	毛兴中	18.00	2015.01	
978-7-114-05208-8	计算机应用基础	王晓勇	28.00	2008.03	
978-7-114-05190-6	机械识图	冯建平	18.00	2016.07	
978-7-114-05162-3	机械识图习题集及习题集解	冯建平	28.00	2016.06	
978-7-114-05193-7	钳工与焊接工艺	宋庆阳	19.00	2015.12	

咨询电话：010-85285962；010-85285977. 咨询QQ：616507284；99735898